Danke an alle,

die mich genervt haben,

dieses Buch fertig zu schreiben.

Ohne *ES*

Nachdem Wir Das Geld Abgeschafft Haben

Jörg Tetzner

2015

Bibliografische Information der Deutschen Nationalbibliothek:
Die Deutsche Nationalbibliothek verzeichnet diese Publikation in der
Deutschen Nationalbibliografie;
detaillierte bibliografische Daten sind im Internet über
http://dnb.d-nb.de abrufbar.

© 2015 Jörg Tetzner
Umschlaggestaltung, Herstellung und Verlag: BoD- Books on
Demand
ISBN: 978-3-7357-4026-7

Einführung

Das Geld abzuschaffen, bedeutet nicht, Produktion und Verteilung nicht mehr zu regeln.

Man kann Produktion und Verteilung mit Geld organisieren. Das hat jedoch für viele Menschen extrem schädliche Folgen und nichts steht einer Neuregelung im Wege außer unserer Entscheidungskraft.

Was kann das Geld eigentlich, was Menschen nicht können? Einfache Antwort: Nichts! Denn alles, was das Geld kann, kann es nur durch Menschen. Geld produziert nichts, transportiert nichts, kommuniziert nichts, befriedigt nichts. Es kann sich nicht einmal alleine zählen oder sich ansammeln. Und, auch wenn es bitter ist, Geld will nichts, schon gar nichts Gutes.

Menschen benutzen Geld, wie ein Gesunder Krücken, die er wegwerfen könnte und denen er magische Eigenschaften andichtet, als ob sie ein fliegender Teppich wären, der aus irgendeinem Grund nicht richtig funktioniert.

Nichts beeinflusst unseren Alltag, unser Denken, die kleinsten Kleinigkeiten im Leben der Menschen so sehr wie Geld. Brötchen, Busfahren, Bücher ... für fast alles muss man bezahlen und, auch wenn man gerade nicht am Bezahlen ist, tut man vieles wegen Geld oder im Hinblick aufs Geldverdienen oder weil man vermeiden will, Geld auszugeben. Alle verstehen, dass Krisen und Not mit Geld zu tun haben.

Banal, oder?

Umso erstaunlicher ist es, dass demgegenüber im öffentlichen Bewusstsein nahezu völlig eine Debatte darüber fehlt, ob wir diese Art der Lebensorganisation überhaupt wollen. Wenn aber einer vorschlägt das Geld abzuschaffen, weiß sofort der Rest der Menschheit, warum das nicht geht. Die Argumente gegen ein geldfreies Leben kennt jedes Schulkind, besser als alle sonstigen schulischen Aufgaben. Aber haben die Leute, die instinktiv das Geld verteidigen, die Argumente DAFÜR schon geprüft?

Das vorliegende Buch tut dies, erklärt, warum das Leben mit Geld lebensschädlich ist, unter welchen Bedingungen es abgeschafft werden kann und was danach geschehen muss. Es geht nicht um die Einführung eines Tauschhandels. Denn der bringt das Geld hervor. Geld ist ein Tauschverhältnis. Es muss auch keiner in einer Waldhöhle leben. Es sei denn, er will es. Man kann individuell ohne Geld leben. Aber es geht um die Abschaffung des Geldes, damit seine sozial zerstörerische Wirkung ein für allemal aufhört.

Die Alltagsargumente, die jeder zunächst gegen eine geldfreie Organisation der Wirtschaft vorbringt, unterscheiden sich nicht wesentlich von den entsprechenden wissenschaftlichen Bemühungen um eine Rechtfertigung. Die Wirtschaftswissenschaft erläutert unverdrossen, warum und wie alles mit Geld funktionieren muss, ohne zu wissen, was der nächste Tag bringt. Erst hinterher wissen die Gelehrten, was wieder gerade falsch gelaufen ist.

Die Mythologie von den Leistungen des Geldes in Verbindung mit einem angeblichen „Wesen des Menschen" oder der „Natur des Menschen" ist deswegen zu entzaubern. Markt, Leistungsmotivation, Verteilungsmechanismen, Konsumkultur sind nämlich ohne die zerstörerischen Nebenwirkungen nicht zu haben. Und das Wesen des Menschen, dem das Geld entsprechen soll, existiert nicht als etwas Statisches.

Menschen müssen ständig entscheiden und handeln, können deswegen aber auch alles neu einrichten. Was gemacht wurde, kann man auch anders machen. Nichts muss so sein, wie es ist, weil es so geworden ist.

Die, welche die Abschaffung des Geldes interessiert zurückweisen, zeigen gerne auf den gescheiterten „Realen Sozialismus", als Erben der Theorien und Utopien zur Überwindung des Kapitalismus. Oder gleich auf den Stalinismus - „totalitäre Systeme". Da hätte man ja gesehen, dass sowas nicht funktioniert. Das geht erstens an der Sache vorbei, weil die Realsozialisten MIT Geld gewirtschaftet haben, und ist zweitens verlogen, weil die Geldökonomie AUCH täglich an der Befriedigung menschlicher Bedürfnisse scheitert.

Der Text untersucht daher einerseits, was Geld und Sozialismus miteinander zu tun hatten und haben könnten. Er legt andererseits dar, wie den Privilegierten des Kapitalismus trotz ihrer katastrophalen weltweiten Sozialbilanz eine scheinbare Integration der unteren 9 Zehntel der Besitzpyramide gelingen konnte. Integration nicht nur in ihr praktisches System der Kapitalvermehrung, sondern ebenso in ihre Verteidigungsideologie der Geldwirtschaft. Begriffsmonster wie Egoismus und Faulheit werden als Rechtfertigungsinstrumente einer Ordnung entlarvt, in der Egoismus und Faulheit bei den Staatslenkern und Geldbesitzern durch Geld erst ermöglicht werden.

Daraus folgen die Schritte in die Nachgeldwelt. Es geht nicht darum, dem funktionierenden System des Kapitalismus eine seiner Bedingungen zu entziehen, wie einem Turm den unteren Eckstein, sondern der Turm muss im Ganzen abgetragen werden, von oben nach unten, um ihn nach einem neuen Plan aufzubauen. Alles andere wäre „Geldpfuscherei", wie mal jemand gesagt hat.

Leute, die dabei Angst vor Chaos haben, sollten sich fragen, was sie unter Chaos verstehen, wenn nicht die uns im Moment umgebende Welt[1].

---

[1] NB: Alle Zeichnungen im Buch von Marina (11 Jahre).

Inhalt

Kapitel 1

Voraussetzungen für die Abschaffung des Geldes

1 Ideologische Voraussetzungen: die Scheinintegration aufheben

Genauso, wie die Abschaffung des Geldes ideologische Voraussetzungen hat, hat auch das Gelten und Funktionieren von Geld solche Voraussetzungen. Diese Ideologie anzugreifen ist für eine Weiterentwicklung der menschlichen Wirtschaftsweise unabdingbar. Das wissen auch die Verteidiger des Geldes. Die wichtigste Aufgabe der wenigen Nutznießer des Geldsystems ist es deshalb, den weitestgehend besitzlosen Massen zu suggerieren, dass sie nicht abhängiges Anhängsel der Finanzökonomie sind, sondern integraler Bestandteil.

Die meisten Menschen auf der Welt besitzen keine oder kaum nennenswerte überschüssige Geldmittel. Die Erkenntnis ihrer real prekären Lage als einer Folge der Vorteilsnahme durch die Geldprofiteure würde natürlich die ideologische Grundlage dieses Profits untergraben. Wie vermittelt man nun dem Großteil der Menschheit, dass sie am Verdienen in der Geldwelt teilnehmen, ohne dass sie es praktisch tun? Wie suggeriert man eine Schicksals- und Chancengemeinschaft, ohne dass diese praktisch existiert?

Um ein Weiterfunktionieren der eigentumslosen Mitglieder einer Gesellschaft an ihren jeweiligen sozialen Positionen zu gewährleisten, müssen die einen Sinn und ein Ziel in ihrer Tätigkeit, in ihrem Funktionieren erkennen. Da sie am Geldverdienen meist nur in existenzerhaltender Weise partizipieren (manchmal ein wenig mehr, manchmal ein wenig zu wenig), muss man ihnen wenigstens theoretische, phantastische, wunderbare Chancen am Horizont eröffnen.

Man behauptet also in ideologischer Propaganda, Film, Musik, sonstigen Medien eine hohe soziale Mobilität. Das bedeutet, wer heute reich ist, kann morgen arm sein. Aber vor allem umgekehrt. Jeder kann morgen reich sein, abhängig von seinem Engagement und Glück. Alles ist möglich: Dein Tun hat einen Sinn, nämlich deine Chancen zu wahren und möglichst zu verwirklichen. Dass das in der Praxis nicht oft stattfindet, ist für den Wundergläubigen kein Gegenargument, denn er kann weiter hoffen. Er wartet eben auf das Wunder. Die Integration der abhängig Beschäftigten in die Geldwelt findet praktisch nur negativ in Form von Ausbeutung statt. Die Integration ins große Geldverdienen findet also im Prinzip gar nicht statt und ist ideologisch nur als Scheinintegration zu haben.

Nur im konstruierten Kollektiv von Nation und Religion fühlt der soziale Verlierer sich doch noch aufgenommen und respektiert. Die vollendete Form des konstruierten Kollektivs, der Faschismus, ist in Krisenzeiten bei drohendem Aufruhr deswegen die optimale Variante. Er schafft dort eine Ideengemeinschaft, wo praktisch die sozialen Gegensätze zur Krise geführt haben. Fiktive Feinde grenzt man aus (Juden, Moslems, Zigeuner, Ungläubige und Zweifler aller Art). Wegen der faschistischen Effektivität in Zeiten der Not halten sich die mächtigen Nutznießer der finanziellen Ungleichheit auch in Zeiten der Ruhe und Nicht-Krise auf kleiner Flamme ein paar Schmuddelfaschisten als Kampfreserve, die bei Bedarf wegen ihrer intellektuellen Beschränkung schnell und für alles einsetzbar sind. Faschismus hat genau wie Nation und Religion immer zwei Seiten. Die Intentionen von oben und die Handlungs- und Mitmachmotivation von unten ergänzen sich. Das macht in tragischer Weise die Geschädigten zu Handlangern ihrer Schädiger - in dem falschen Bewusstsein irgendwelche imaginären Schädlinge zu treffen.

Insgesamt befriedigen Weltmythos (Gott) und Wir-Mythos (Nation) das Glaubensbedürfnis der sozialen Unterschicht und schaffen so brutalen Scheinfrieden nach innen als Voraussetzung für Aggression von Kapital und Staat nach außen. Wo gibt's noch etwas zu verdienen und zu stehlen? Eigentlich überall!

Wollen wir diese gierigen, zerstörerischen und sinnlosen Ansprüche loswerden, hilft vor dem Handeln zunächst nur Denken. Ohne Aufheben der Scheinintegration gibt die Mehrheit keine bewusste Zustimmung zum geldfreien Leben. Die Scheinintegration existiert zwar nur in den Köpfen. Ihre Aufhebung macht das aber gerade nicht leichter.

Ein neues, geldfreies Zusammenleben hat als wesentliche Voraussetzung die Erkenntnis, welche schädlichen Funktionen Geld als allgemeines Äquivalent für menschliche Bedürfnisse hat. Diese Erkenntnis muss einen zahlenmäßig relevanten Teil der teilnehmenden Menschen ergreifen. Nicht jeder muss dazu jedes Detail der ökonomischen Analyse verstehen. Wichtig ist, die menschenfeindlichen Symptome der bisherigen Wirtschaft nicht beschränkt, sondern von ihrem Ursprung her als Ausdruck der Grundfunktionen von Geld zu verstehen. Das darf keine Schulddebatte gegen die kapitalistischen Egoisten werden [2]. Wenn ein

---

[2] K. Marx/F. Engels: „Die Kommunisten predigen überhaupt keine Moral, was Stirner im ausgedehntesten Maße tut. Sie stellen nicht die moralische Forderung an die Menschen: Liebet Euch untereinander, seid keine Egoisten usw.; sie wissen im Gegenteil sehr gut, dass der Egoismus ebenso wie die Aufopferung eine unter bestimmten Verhältnissen notwendige Form der

Pharmahersteller Medikamente ohne Wirkung oder mit gesundheitsschädlichen Nebenwirkungen verkauft, die Produktion von heilenden Präparaten unterlässt und den Patienten für die Behandlung notwendige Informationen verschweigt, ist das kein Skandal, sondern es folgt logisch aus dessen Wunsch, sich so viel wie möglich abstrakten Reichtum zu verschaffen. Anhäufung abstrakten Reichtums ist nur durch ein allgemeines Äquivalent für alle Waren möglich. Das ist Geld. „Schuld" an den Konsequenzen sind also alle, die die finanzielle Organisationsform der Gesellschaft akzeptieren, obwohl sie in Organisatoren und Organisierte, in Nutznießer und Benutzte auseinanderfallen.

Der Nutznießer oder Gewinner der Geldwirtschaft kann dabei mittelbar genauso in seiner Menschlichkeit geschädigt werden, wie der Verlierer unmittelbar von der Produktion und im Konsum geschädigt wird (siehe hierzu auch die Abschnitte Geld und Klassen und Geld und Reiche).

Natürlich hat Geld technische Funktionen, die für sich betrachtet nicht unangenehm sind. Geld dient als Rechengröße, um jegliche Waren zu verkaufen oder zu kaufen, indem man einen Preis ausdrückt. Es wird damit zum gesellschaftlichen Zahlungsmittel, sogar zum Weltgeld, weil es irgendwann überall gilt. Und es ermöglicht die Zirkulation von Waren, Dienstleistungen und von ihm abgeleiteten Finanzprodukten. Außerdem kann man einen Schatz damit bilden. Diese technischen Funktionen entwickeln aber notwendig eine Eigendynamik, die für alle Beteiligten schädlich wirkt. Der Schaden variiert je nach Position des Einzelnen in Produktion, Zirkulation und Verbrauch. Das Komplizierte bei jeder Krankheit wie auch beim Geld ist, dass ihr schädliches Wesen an der Oberfläche nur als Symptom sichtbar wird, welches man nicht leicht der Krankheit zuordnen kann. Die Verweigerung eines Schlucks Wasser, wenn man nicht bezahlen kann, versteht man eher als Gemeinheit und Ungerechtigkeit, nicht als Folge einer falschen Organisation der menschlichen Wirtschaft mit Geld.

Die menschenfeindlichen Funktionen des Geldes eingesehen, muss der Wunsch folgen, ein alternatives Produzieren und Verbrauchen zu organisieren bzw. wird die widerstandslose Akzeptanz derer benötigt, die sich theoretisch mit der Frage nicht weiter beschäftigen wollen. Schädliche Geldfunktionen, die verstanden werden müssen, sind:

• Die Gewaltfunktion: Da Geld staatlich garantiert und durchgesetzt werden muss, trifft der Staat allerlei Festlegungen zur Geldzirkulation und zum Eigentum. Bei den vorprogrammierten Missachtungen dieser Festlegungen droht er mit dem Einsatz seiner Gewaltmittel Polizei,

---

Durchsetzung der Individuen ist. Die Kommunisten wollen also keineswegs, wie Sankt Max glaubt und wie ihm sein getreuer Dottore Graziano (Arnold Ruge) nachbetet (...), den ‚Privatmenschen' dem ‚allgemeinen', dem aufopfernden Menschen zuliebe aufheben." Die Deutsche Ideologie, in: MEW (1975-1978), Bd.3, S. 229.

Justiz, Armee und realisiert die Drohungen je nach Situation. Um seinen Lieblingsbürgern, den Kapitalverwaltern, und der Zirkulation seines Geldes auch weltweit Markt und Anerkennung zu verschaffen, führt er bei Bedarf Kriege (die man jedoch immer anders begründet, z.B. gerne mit humanitären Katastrophen oder Verletzung von Menschenrechten).

• Die Separationsfunktion: Menschen und Gruppen werden auseinandergetrieben, da sie antagonistische partikuläre Bereicherungsinteressen entwickeln. Geldinteressen konstruieren und definieren Familien, Freundschaften, soziale Gruppen, nationale Gruppen etc., um sie parallel zu ihrer Konstruktion anzugreifen und zu zerstören.

• Die Fetischfunktion: Durch die Möglichkeit, Geld unendlich anhäufen zu können, wird auch Gier unendlich. Der allgemein gültige, abstrakte Wunsch nach Reichtum wirkt wie ein Zauber und führt zur Umwertung aller Werte in finanzielle.

• Die Ausschlussfunktion: Durch seine alleinige Gültigkeit für den Zugriff auf gesellschaftliche Produkte und Leistungen verhindert Geld bei Nichtbesitzern die Inanspruchnahme eben aller kostenpflichtigen Produkte und Leistungen. Außerdem bedeutet, kein Geld zu haben, den territorialen Ausschluss von Armen bei kostenpflichtigem Eintritt in bestimmte gesellschaftliche Zonen.

• Die Ausbeutungsfunktion: In Zusammengang mit der Ausschlussfunktion, also der Trennung des Menschen von Produkten und Leistungen, ist dieser gezwungen sich Zahlungsmittel zu verschaffen und wird gegen Bezahlung von den Verwaltern und Besitzern von Produktionsmitteln zu einer entfremdeten Arbeit angemietet. Von deren Produkt erhält er nur einen kleinen Anteil in Geld. Dadurch wird der Lohnabhängige nicht nur fortgesetzt enteignet, sondern ihm wird auch die Ausbeutung durch die undurchsichtige Geldform verschleiert. Er erhält ja im Tausch gegen seine Arbeit einen Lohn. Welchen Anteil der am Arbeitsprodukt darstellt, ist oberflächlich nicht erkennbar.

• Konkurrenzfunktion: Geld erzwingt durch die Transformation aller Produkte und Leistungen in Warenform das allgemeine Bieten, Anbieten, Unterbieten, Überbieten - den Kampf aller gegen alle um alles.

Eine Erkenntnis der Geldfunktionen und der Wunsch zur Alternative sind nur möglich bei Menschen, die die Faktizität nicht länger als notwendig interpretieren. Das Jetzt als Punkt auf einem Zeitstrahl hat eine Vergangenheit und eine Zukunft. Dinge ändern sich, weil die Veränderung ihr Wesen ist. Kein Zustand der menschlichen Gesellschaft ist notwendig, weil er ist und ist auch nicht, weil er notwendig ist. Gemachtes kann einfach anders gemacht werden. Aus Weizenmehl kann man nicht nur Brot backen. Hinterher zu behaupten, alles musste so kommen, weil es so gekommen ist, und alles ist so gekommen, weil es so kommen musste, ist ein klassischer Zirkelschluss - nichtsdestotrotz besonders bei Wissenschaftlern sehr beliebt.

2 politische Voraussetzungen: gesellschaftliche Kommunikation

Unangenehmerweise kann eine ökonomische Umstrukturierung der Gesellschaft nicht ohne einen Umbau des politischen Systems erfolgen. Der Staat, welcher die Regeln des Wirtschaftens garantiert, legt aus dieser Funktion heraus alle auf diese Regeln fest.
Es folgt die Repression des Regelübertritts und die Verfolgung des Infragestellens der Regeln, indem der Staat ein Gewaltmonopol beansprucht. Die ökonomischen Nutznießer der Gesellschaft haben den Staat zwar auch eingerichtet, um gegenüber ihrem unendlichen Streben nach Reichtum das maximal Aushaltbare zu definieren, die Gier um ihrer Reproduktionsfähigkeit willen zu beschränken. Vor allem aber bestimmt und kontrolliert dieser gewaltsam alle Verkehrsformen von Produktion, Handel, Kommunikation und Verbrauch. Er garantiert die Eigentumsrechte der Besitzenden.
Der Staat versteht seine ideellen Auftraggeber praktisch und behandelt sie als Lieblingsbürger, gestattet ihnen das Regelüberschreiten in weitaus höherem Maße als den funktionalen Verlierern der Konkurrenz um Reichtum. Er wird also ohne Autorisierung seiner oligarchischen Elite keine Abänderung der Verkehrsformen zulassen, so dass das politische System für ein anderes Leben umgebaut werden muss. Im falschen Sytem gibt es kein gutes Leben. Die Formen des Übergangs diskutiere ich hier nicht. Die politische Machtfrage sollte soweit wie möglich auf gedanklichem Feld vorentschieden werden.
Die Vertreter der Gewinnerseite der Warenwirtschaft werden zwar durch Umweltverschmutzung, Kriminalität, psychische Deformierung, Stress, kulturelle Verdummung, sexuelle Frustration genauso durch ihr System geschädigt, wie die direkten Verlierer (welche zum Teil auch noch schwere existenzielle Not leiden). Wer von ihnen und wie weit sie sich vom Klassenkampf von oben durch neue Einsichten verabschieden werden, muss man dann feststellen.
Grundsätzlich kann der Klassenkampf nicht allein gewaltsam entschieden werden, sondern muss durch sukzessive Aufhebung seiner Grundlagen als menschliche Verkehrsform überwunden werden.

Das Überwinden bringt neue Verkehrsformen hervor, nämlich die gesellschaftliche Kommunikation, die dann das notwendige Minimum an Arbeitsaufwand festlegen muss. Die Ökonomie wird von den Beteiligten auf ihr Minimum zurückgeführt. Produktion, Verkehr, Verteilungsorganisation sind notwendig zur Bedürfnisbefriedigung - nicht mehr und nicht umgekehrt.

Kein Mensch muss „die Kaufkraft stärken", um „die Produktion anzukurbeln". Arbeit hilft Bedürfnisse zu befriedigen, die die menschlichen Interessen regieren werden. Es geht deswegen nicht um Arbeit in Würde und Respekt. Die Arbeitssucht der arbeitenden Klasse nennt Lafargue ein Laster:

„Wenn die Arbeiterklasse sich das Laster, welches sie beherrscht und ihre Natur herabwürdigt, gründlich aus dem Kopf schlagen und sich in ihrer furchtbaren Kraft erheben wird, nicht um die famosen Menschenrechte zu verlangen, die nur die Rechte der kapitalistischen Ausbeutung sind, nicht um das Recht auf Arbeit zu fordern, das nur das Recht auf Elend ist, sondern um ein ehernes Gesetz zu schmieden, das jedermann verbietet, mehr als drei Stunden pro Tag zu arbeiten, so wird die alte Erde, zitternd vor Wonne, in ihrem Inneren eine neue Welt sich regen fühlen ... aber wie soll man von einem durch die kapitalistische Moral korrumpierten Proletariat einen männlichen Entschluss verlangen!   (...) O Faulheit, erbarme du dich des unendlichen Elends! "[3]

Ob drei oder mehr Stunden täglicher Arbeit Raum für schöpferische Faulheit lassen, ist keine Frage mehr, die man nach angeblichen ökonomischen Erfordernissen entscheiden muss. Die ökonomischen Erfordernisse sind keine Quasi-Naturgesetze, sondern werden definiert. Das Subjekt ist jetzt nicht mehr der mit Geld für den Markt kalkulierende Kapitalverwerter, sondern die Verbrauchs- und Arbeitsgemeinschaft.

Die zentrale und dezentrale Planung, geordnet nach Gebieten, erfolgt auf der Grundlage der Bedürfniserfassung und der Bereitschaft, für die Bedürfnisse ein entsprechendes Quantum Arbeit zu erbringen. Es wird die Frage diskutiert, für welches Bedürfnis die Leute wie lange zu arbeiten bereit sind.

Die politische Organisationsform ist der Diskurs, die gemeinsame Entscheidung und, wo nötig, das wählende Abwägen der Partikularinteressen. Wo das Abwägen nicht nötig ist, kann man allen Interessen entgegenkommen.

Die unterschiedlichen Gebiete können unterschiedliche Planungsmodelle anbieten, je nach Faulheit oder Reinlichkeit oder Ansprüchen der Bewohner. Auf jeden Fall ist jede Form einer pseudonationalen oder religiösen oder „ethnischen" Separierung zu vermeiden und diese Kriterien dürfen den Zugang zu Gebieten nicht

---

[3] Lafargue (2010), S.69.

beschränken. Religion und Folklore bleiben Privatsache und sind nicht Grundlage von öffentlichen Entscheidungen oder Debatten.

Die Organisation der gesellschaftlichen Diskussion findet nach Wohngebieten und nach Arbeitsstellen statt, wobei in der Wohngegend die das geographische Leben bestimmenden Fragen besprochen werden, an den Arbeitsstellen die mit der Produktion verbundenen. Abstimmung erfolgt erst, nachdem die Betroffenengruppen ihren Standpunkt darlegen konnten. Je mehr Beteiligte also ihren Standpunkt angleichen, umso intensiver kann noch über die unterschiedlichen Aspekte diskutiert werden.

Zur Abwicklung gesellschaftlicher Prozesse gibt die Gemeinschaft sich Regeln. Niemand darf andere schädigen. Solange derartiges vorkommt, wird die Verhinderung von Schädigung Aufgabe der Polizei sein. Eine Rechtsschlichtung entscheidet von Fall zu Fall, welche Lösungsmöglichkeiten bei persönlichen Konflikten bestehen. Bei grundsätzlichen Fragen entscheidet jedoch die Gemeinschaft (im Wohnbereich oder Betrieb). Gerichte können paritätisch aus Profis und Laienrichtern besetzt werden, die jedesmal nach einem bestimmten Schlüssel neu bestimmt werden bzw., soweit wie möglich, gewählt werden.

Aufgabe der Verwaltung ist die Umsetzung der Gemeinschaftsbeschlüsse, wobei sie von Repräsentanten der Betriebs- und Wohngebietsräte kontrolliert wird. Alle Funktionen, ob in der Verwaltung, den Räten, den Schiedsgerichten oder der Polizei sind auf Zeit und werden in Intervallen neu besetzt. Bei nachweislich schlechter Amtsführung ist in gravierenden Fällen jederzeitige Ablösung möglich. Das gilt insbesondere zwingend beim Verschaffen von privaten Vorteilen aus einer gesellschaftlichen Funktion heraus. Bestechlichkeit ist ohne Geld ansonsten sowieso nicht mehr möglich.

3 ökonomische Voraussetzungen: Eigentumsfragen

„Denn wiewohl ihr und eure Vorfahren durch Mord und Diebstahl zu eurem Eigentum gelangt seid und uns vermittels derselben Gewalt jetzt davon ausschließt, die wir doch nach dem gerechten Gesetz der Schöpfung das nämliche Recht auf das Land haben wie ihr, sind wir nicht gesonnen, uns an eurem Gezänk um den zerstörerischen Teufel des sogenannten Sondereigentums zu beteiligen, da ja die Erde mitsamt ihren Reichtümern an Korn, Vieh und ähnlichen Dingen dazu erschaffen ward, um ausnahmslos allen Menschen, ob Freund oder Feind, als eine gemeinsame Schatzkammer zum Lebensunterhalt zu dienen."[4]

---

[4] Winstanley (1983), S.42.

Winstanley hat in der Mitte des 17. Jahrhunderts verstanden, dass die Einrichtung von EIGENtum an Grund und Boden durch Diebstahl vonstatten geht, der oft von Mord an den Ausgeschlossenen begleitet wird. Die Nachfolger der Diebe und Mörder halten diesen Zustand des Ausschlusses aller anderen mit Gewalt aufrecht und schieben juristische und moralische Argumente nach, die den Ausgeschlossenen Absichten zu Diebstahl und Mord unterstellt, um die Erde als gemeinsame Schatzkammer voller Korn und Vieh zu verhindern. Eigentum schafft Eigennutz, der dann wieder zur Begründung der Notwendigkeit von Eigentum herhält.

Der Sinn des abgetrennten Eigentums ist nicht, wie in der geheuchelt idyllischen Vorstellung des Bürgers, dass ich endlich in Ruhe meinen Lebensunterhalt verdienen kann. Jeder hätte ein Stückchen Erde, wo er ohne fehlerhaften Einfluss seiner Nachbarn durch ehrliche, harte Arbeit zu Früchten käme, die dann nicht die Faulenzer von nebenan mitverprassen würden. Das dürfte nur der Urheber des Reichtums und die von ihm freiwillig Begünstigten.

Der Klassiker, dem in seiner Argumentation sicher die meisten Freunde des Privateigentums und ihre wissenschaftlich interessierten Vertreter folgen, ist Aristoteles. In seiner Platonkritik gibt er fast im Stile eines Schulbuches die typische Denkweise der Besitzenden wieder:

„Man verwendet nämlich auf das, was möglichst vielen gehört, grade die geringste Sorgfalt. Dagegen bekümmert sich der Mensch sehr genau um das, was ihm gehört; um das Gemeingut schon weniger, oder nur in soweit es ihn als Einzelnen berührt. Denn abgesehen von andern Gründen versäumt er es auch deshalb, weil er denkt, ein anderer werde sich schon darum bekümmern; grade wie bei der Aufwartung durch die Dienerschaft man von vielen Dienern zuweilen schlechter bedient wird als von wenigen."[5]

Köstlich, wie Aristoteles sich selbst widerlegt. Er ist ernsthaft böse, dass die Diener sich nicht richtig um ihn kümmern. Aber ihnen als Einzelnen gehört nichts. Nach seiner Logik müssten doch die Diener durch Eigentum zur Sorgfalt motiviert werden. Da sie nichts haben, haben sie auch vom Dienen nichts und ihre Faulheit ist verständlich (wie übrigens die Faulheit jedes Lohnarbeiters), weil sie in der Masse den Gewalttätigkeiten ihrer Chefs entgehen. Aber so hatte Aristoteles das nicht gemeint. Er entlarvt hier mit seinem Dienerbeispiel ungewollt die Grundidee der Besitzenden, dass es nämlich nicht um Verteilung von Eigentum und daraus resultierender Pflichten in der Gesellschaft geht, sondern um Konzentration desselben in den Händen der wenigen Mächtigen, die sich dann selbst, als durch Fähigkeiten und Gene Geadelte, zu den Auserwählten zurecht lügen, die viel für sich allein beanspruchen dürfen.

---

[5] Aristoteles (1957) S.18, 107-114.

Eigentum an Erde und Produktionsmitteln bedeutet für die davon ausgeschlossene Mehrheit, dass die Leute sich mit „Sorgfalt" um fremder Leute Dinge „bekümmern" müssen. Die Motivation zum Sich-Kümmern, von der die bürgerliche Wissenschaft redet, entsteht durch direkten und indirekten Zwang, Waffengewalt der Besitzenden und drohende materielle Not.[6]

Die Kapitalisten unter den Bedingungen der aufgeklärten Freiheit neigen freilich eher dem indirekten Zwang zu. Was man heute blumig als Motivation und Anreiz preist, formulierte die Soziologie früherer Tage ehrlich. Freuen wir uns mit Paul Lafargue über eine Textstelle aus Townsends „A Dissertation on the Poor Laws" von 1786:

„Und im Namen der christlichen Milde predigt ein Pfaffe der anglikanischen Kirche, der Reverend Townsend: Arbeitet, arbeitet Tag und Nacht; indem ihr arbeitet, vermehrt ihr eure Leiden und euer Elend enthebt uns der Aufgabe, euch gesetzlich zur Arbeit zu zwingen. Der gesetzliche Arbeitszwang macht, zu viel Mühe, fordert zu viel Gewalt und erregt zu viel Aufregung; der Hunger ist dagegen nicht nur ein friedlicher, geräuschloser, unermüdlicher Antreiber, er bewirkt auch, als die natürlichste Veranlassung zu Arbeit und Fleiß, die gewaltigste Anstrengung."[7]

In der Realität kristallisiert sich also eine zahlenmäßig geringe Klasse von Besitzenden heraus, die die Urheber des Reichtums von diesem fortgesetzt enteignet und nur dafür „arbeitet", dass fremde Arbeit ihren abstrakten Reichtum mehrt, den sie sich dann in Geld irgendwo hinlegen und aufschreiben, wie viel sie haben. Zwar kümmern sich alle um etwas, die einen ums Überleben, die anderen ums Mehrhaben, nur ist dieses ETWAS für die meisten Menschen und ihre Bedürfnisse kontraproduktiv.

Voraussetzung für eine Produktion, die sich an den Bedürfnissen orientiert und nicht umgekehrt die Bedürfnisse der Akkumulation von Geld unterwirft, sind Eigentumsverhältnisse, welche die Produktion

---

[6] Die „Welt-Online" berichtet am 31.08.2012 von einem schönen Beispiel aus Südafrika, wo die Polizei 34 Menschen erschossen hat, die für mehr Lohn gestreikt hatten. Die Staatsanwaltschaft klagte übrigens nicht die Polizisten an, sondern die nicht erschossenen Kumpel, weil sie die Polizei provoziert hätten. So viel zur Frage der Motivation durch Eigentum. (welt.de, 2012) „Die südafrikanische Staatsanwaltschaft hat Mordanklage gegen 270 Kollegen der 34 Bergarbeiter erhoben, die am 16. August von Polizisten erschossen wurden. Sie griff dabei auf ein Gesetz aus der Apartheid-Ära zurück, das ein Sprecher der Nationalen Staatsanwaltschaft der Nachrichtenagentur AP am Donnerstag so erläuterte: ‚Es war die Polizei, die geschossen hat, aber sie wurden von den Demonstranten angegriffen, die bewaffnet waren. Deshalb wurden die 270 heute des Mordes beschuldigt.' (…) Die Unruhen fanden am 16. August vor einer Platinmine von Lonmin PLC statt. Verhandlungen zur Beendigung eines Streiks waren gescheitert."

[7] Lafargue (1983), S.44; die Stelle findet sich auch bei Marx in verschiedener Übersetzung, vgl. MEW (1975-1978) Bd.43, S.195

dem Wollen von Menschen überhaupt zugänglich machen. Während privates Eigentum an Produktionsmitteln der großen Mehrheit die Teilnahme an der Planung, den freien Zugang zu den Arbeitsmitteln und den freien Zugang zu den Arbeitsprodukten verwehrt, ermöglichen gesellschaftlich verwaltete Produktionsmittel die Partizipation aller.

Obwohl natürlich auch unter Privatbesitz die Produktplanung, Werkzeuge, Maschinen, Ideen und letztendlich die Produkte zugänglich sind, ist dieser Zugang festgelegt auf den Rahmen der Erwirtschaftung von Profit. Damit ist die menschliche Tätigkeit nicht nur eingeschränkt, sondern völlig verfremdet. Nur eine gewinnversprechende Kalkulation kann überhaupt in Betracht kommen. Nur innerhalb einer gewinnversprechenden Kalkulation wird die Arbeitskraft überhaupt an Werkzeuge gelassen, an Ideen beteiligt, zur Produktion von Ideen beauftragt. Nur eine zahlungskräftige Nachfrage ermöglicht den Zugang zum Produkt.

Der Gewinn selbst folgt nicht vernünftigen Kriterien, sondern hat eine innere Logik des Geldes entwickelt, in der sich in der Konkurrenz alle gegenüberstehen. Wer produziert am billigsten und kann ein Produkt, eine Leistung am teuersten verkaufen? Wie vermeide ich als Geldbesitzer die Konkurrenz der anderen, um noch teurer verkaufen zu können? Wie übernehme ich größere Teile der Staatsmacht, um Hindernisse für den Absatz meiner Produkte, für meinen Reproduktionszyklus aus dem Weg zu räumen?

Das sind die maßgeblichen Fragen der menschlichen Tätigkeit im Kapitalismus, und eben deshalb nicht: Wer braucht was warum. Da, wo Konkurrenz noch herrscht, entfaltet sie eine zerstörerische Wirkung auf alles und alle Beteiligten. Wo Konkurrenz auf Grund der sie vermeidenden Monopole beseitigt ist, zerstört die Geldgier der Monopolsteuerer noch effektiver die menschlichen Existenzbedingungen und ordnet ihrem Gewinnstreben alle menschlichen Regungen unter, auch die eigenen. Das ist kein Skandal, sondern die Logik des Geldes im gesellschaftlichen Verkehr.

In den Bereichen, wo Monopole bereits die gesellschaftliche Produktion repräsentieren, können sie einfach übernommen, enteignet werden, sogar mit fast allem alten Personal. Sie haben selbst die Voraussetzungen ihrer Vergesellschaftung geschaffen. Wo das nicht der Fall ist, wird die Privatarbeit als voneinander unabhängig ausgeführter Produktion von Gütern oder Dienstleistungen aufgehoben.

Die Kommandanten über Privatarbeit orientieren sich an dem, was sie für den Markt halten und das stellt nie ein gesellschaftliches Versorgungsinteresse dar. Sondern es verhindert die längst mögliche allgemeine Zusammenarbeit und Zuarbeit aller. Außerdem ist Privatarbeit in vielen Fällen blindes Schaffen, da den Weltmarkt niemand wirklich kennt und der Absatz von Produkten und Leistungen begrenzt ist und plötzlich überflüssig werden kann. Diese

Begrenzung führt zyklisch zu Überproduktion, Verschwendung und Fehlplanung, welche den möglichen konkreten Reichtum schmählern und den Gesamtaufwand unnötig hoch halten.

Nachdem Privatbesitz an Produktionsmitteln und Privatarbeit abgeschafft sind, wird die Arbeit gesamtgesellschaftlich geplant und die Produktionsmittel gesellschaftlich verwaltet, was nicht schwerer sein wird als die chaotische Privatplanung und -verwaltung.

Dinge des täglichen Bedarfs und Einrichtungsgegenstände der Wohngelegenheiten bleiben Eigentum des Einzelnen. Grund und Boden und Wohngelegenheiten werden den Menschen, die arbeiten bzw. arbeitsunfähig sind, zur zeitweisen Nutzung überlassen. Ressourcen, wie Luft, Wasser und Bodenschätze gehören der Allgemeinheit, die auch über sie bestimmt, und nicht etwa eine Verwaltungseinheit.

Vererbt werden nur persönliche Gegenstände, kein Grund und Boden, Haus, keine Wohnung. Wenn jemand stirbt, kann man dessen Kindern die Entscheidung überlassen, ob sie in der Wohnung wohnen wollen, an der sie vielleicht aus Kindertagen hängen o.ä. In der Regel werden sie das sowieso nicht wollen, weil sie längst eigene Wohngelegenheiten eingerichtet haben. Sonstige Nutzungsrechte werden nicht vererbt.

Grundsätzlich wandelt sich die Eigentumsfrage in eine Frage der Nutzbarkeit von Dingen. Niemand benötigt Eigentum als Eigentum des Volkes oder ähnliches. Es geht nicht um das Haben, welches abstrakt und an sich nutzlos ist, sondern um das Benutzen. Die Daseinsform der Nachgeldmenschen ist Leben, nicht Besitz.

Kapitel 2

Negativbestimmung - Wieso ist Geld für Menschen nicht geeignet

1 Geld und Schädigung und Kompensation

Schädigung bedeutet, dass Bedürfnisse nicht zu befriedigen sind oder die Befriedigung eingeschränkt ist.

Der Mensch hat im Unterschied zu den anderen Tieren eigene menschliche, zunächst nichtgeldökonomische Bedürfnisse nach 1. sozialer Bewegung (Produktion sinnvoller Gegenstände, Ortswechsel, Kontakte mit anderen Personen), 2. Wahrnehmung (soziale Wahrnehmung der Umwelt als Voraussetzung für Entscheiden und Handeln), 3. Geistiger und körperlicher Schmerzfreiheit als erklärbare Voraussetzung für Wohlbefinden, 4. Kommunikation (Austauschmöglichkeit über Sprache und Zeichen, menschliche Sexualität, Miteinander), 5. Kulturvoller Ernährung, 6. Harmonie (Freiwilligkeit und Selbstbestimmung aller Tätigkeiten, Stressfreiheit, sachdienliches Erkennen der Weltdinge und Zusammenhänge, die man selbst definieren können muss). Die Schädigung besteht in psychischer und physischer Deformation durch Mangel.

Die heutige Warenwirtschaft bearbeitet außerdem Bedürfnisse, die auch vorher existierten, stellt sie in eine neue Abhängigkeit. Andere schafft sie ganz neu. In Abgrenzung zu den menschlichen Bedürfnissen bewegen sich die ökonomischen ständig im Spannungsfeld zwischen Wunsch, finanzieller Erfüllbarkeit und Nichterfüllbarkeit.

Wie alle Tiere muss ein Mensch sich ernähren und sich vor Witterungseinflüssen durch Unterschlupf schützen können. Obwohl die Geldwirtschaft einen extremen Warenfluss in aller Welt möglich macht, erfüllt sie diese Grundbedürfnisse bei einem Teil der Menschheit nicht. Die Schädigung besteht hier in der Bedrohung der Existenz als Lebewesen Mensch.

Eben diese Grundbedürfnisse werden durch die spezielle Form der Produktion und Verteilung zu einem finanzökonomischen Problem. Ihre Nichterfüllung führt zu Hunger und Obdachlosigkeit, sukzessive bis zum Tod. Das Besondere in der Geldwirtschaft ist, dass nicht eine Naturkatastrophe oder willkürliches Vorenthalten von Lebensmitteln durch einen paranoiden militärischen Machthaber zur Nichterfüllung von Bedürfnissen führt, sondern die Beziehung zwischen Dingen, zwischen Ware und Geld, welche die beteiligten Menschen exekutieren, als ob sie einem Voodoo folgten, und dabei ihren wechselseitigen Tod in Kauf nehmen (natürlich oft bedauernd).

Alle über die Grundbedürfnisse hinausgehenden ökonomischen Bedürfnisse definiert die Gemeinschaft und sind in der Geldwirtschaft geprägt durch das Haben-Wollen[8]. Die Dingakkumulation der Person lehnt sich an die Kapitalakkumulation der Wirtschaft an.

Die Schädigung resultiert nicht prinzipiell aus einer Nichterfüllung von Bedürfnissen, die über die Grundbedürfnisse hinausgehen, sondern aus deren sozialem Kontext mit den o.g. speziell menschlichen Bedürfnissen. Also der Nichtbesitzer eines tragbaren Telefons ist nicht geschädigt durch den Nichtbesitz, sondern durch den sozialen Standard, der diesen Nichtbesitz durch vermeintliche oder reale Nachteile zum Mangel macht. Wer 10 Stunden am Tag arbeiten muss, ist nicht nur wegen der 10 Stunden ein Geschädigter, sondern weil seine Arbeit geld- und fremdbestimmt ist, weil gesamtgesellschaftlich vielleicht nur 5 Stunden notwendig wären, weil andere von seiner Arbeit reich werden und vielleicht nur die Geldorganisation für sich betreiben, anstatt mitzuhelfen.

Die Felder der Schädigung liegen für arme und reiche Menschen nicht im Haben oder Nichthaben, sondern der daraus resultierenden Konsequenzen für Gesundheit/ Psyche, Erholung/ Unterhaltung/ Kultur, Arbeit, Bildung/ Erkenntnisfähigkeit, Krieg und „Frieden" und Zusammenleben.

Alle Felder haben eine biologische und eine inhaltliche Komponente (tierisches Wohlergehen, psychosoziales Wohlergehen). Bsp. „krank durch Arbeit" kann eine physio-medizinische Deformation sein oder jemand ist menschlich nicht zufrieden mit dem Sinn, Inhalt und Zweck seiner Tätigkeit und leidet unter einer psychischen Deformation. Im Krieg kann mir jemand ein Bein abhacken oder die Grausamkeit von Mensch gegen Mensch lässt mich durchdrehen. Beide Arten der Deformation münden in Kompensationshandlungen.

---

[8] Erich Fromm erklärt in „Haben oder Sein" wie diese Existenzweise des Habens zu toten Beziehungen führt: „Die Existenzweise des Habens leitet sich vom Privateigentum ab. In dieser Existenzweise zählt einzig und allein die Aneignung und das uneingeschränkte Recht das Erworbene zu behalten. Die Habenorientierung schließt andere aus und verlangt mir keine weiteren Anstrengungen ab, um meinen Besitz zu behalten bzw. produktiven Gebrauch davon zu machen. (...) In der Existenzweise des Habens gibt es keine lebendige Beziehung zwischen mir und dem, was ich habe. Es und ich sind Dinge geworden und ich habe es, weil ich die Möglichkeit habe es mir anzueignen. Aber es besteht auch die umgekehrte Beziehung: Es hat mich, da mein Identitätsgefühl bzw. meine psychische Gesundheit davon abhängt, es und so viele Dinge wie möglich zu haben. Die Existenzweise des Habens wird nicht durch einen lebendigen, produktiven Prozess zwischen Subjekt und Objekt hergestellt. Sie macht Subjekt und Objekt zu Dingen. Die Beziehung ist tot, nicht lebendig." Fromm (1979), S.79f.

Schädigungen und Misserfolge lassen Menschen nach Kompensation suchen und die Schädigungs- und Misserfolgskompensation ist nach kapitalismusimmanenten Kriterien auf einigen Feldern je nach Möglichkeiten bedingt durchführbar: durch Konsum, im psychosozialen Zusammenleben (durch Bestimmen, Angeben, Lügen etc.), durch Kultur (Medien, bildende Kunst, Disco), Medizin (Behandlungen, Kur, Reha, Medikamente), Drogen (Psychopharmaka, Alkohol, Spritzen, Nikotin etc.), Finanzsexualität (Pornokommerz, Prostitution), Kriminalität und sonstigen Geldgewinn, Schöngeistiges Denken als Rechtfertigung bzw. Abmilderung der Ungleichheit (Weltbild, Menschenbild, Universität, akademische Kreise), „Urlaub" u.a.

Nach menschlichen Kriterien ist ein Ausgleich nur scheinbar möglich, also unmöglich. Den Verlust einer Freundschaft kann man durch Prostituiertenbesuche natürlich nicht ersetzen.

Für Nichtreiche und Lohnabhängige gilt: Ist jemand arm und nicht reich, wird er ökonomisch geschädigt. Er hat nur verminderten Zugriff auf Konsum und Kultur. Ist jemand in der Systemkonkurrenz erfolglos und nicht erfolgreich, gilt das als persönlicher Misserfolg. Die Folge bei den finanziell Minderbemittelten sind Arbeits- und Einkommenslosigkeit und selbst die noch fremdbestimmt. Ist jemand in gesellschaftlichen Prozessen ohnmächtig anstatt mächtig, muss er ständige Schädigung hinnehmen und seine Vorhaben erleiden regelmäßig, systembedingt, Misserfolge. Die nichtökonomische Schädigung betrifft jedoch jeden als Menschen (Geborgenheit, Zuneigung, Ruhe, Gemeinschaft). Es entsteht aus der Systemlogik ein ökonomischer Kompensationswunsch für nichtökonomische Schädigung. Ich versuche das Nichtbezahlbare zu bezahlen und stoße wegen meiner begrenzten Mittel schnell an die Grenze der vermeintlichen Kompensationsmöglichkeiten. Frustration und ein falsches Bewusstsein von dem, was geht und gut für mich ist, bleibt zurück.

Nehmen wir die oberflächlich als Gewinner des Geldwesens angesehenen 10-20% Reichsten unter die Lupe, tritt die Frustration an anderer Stelle ein.

Für Reiche gilt: Schädigung und Misserfolg sind bei ihnen anders bestimmt durch das gesellschaftliche Niveau ihrer Aktion. Im Vordergrund stehen im Durchschnitt andere Formen der Kompensation. Der nichtökonomischen Schädigung sind sie genauso oder sogar stärker ausgesetzt, was erhebliche Konsequenzen für ihr Kompensationsverhalten hat.

2 Geld und Reiche

Geld bedeutet für ihre Nicht- oder Wenigbesitzer Ausschluss von Dingen und Leistungen. Deswegen erwartet man beim Stichwort Geld für Arme nur schlechte Nachrichten. Geld ist für Menschen nicht durch seine Eigenschaften nützlich, sondern weil durch gesellschaftliche Festlegung ohne es sonst nichts geht. Das ist wiederum nur für Leute positiv, die über viel davon verfügen. Gibt es wenigstens für die Reichen vom Geld eine frohe Botschaft und ein schönes Leben? Nicht mehr und nicht weniger als für den Rest der Welt, aber die Form der Kompensation ist spezifisch. Auch sie führt letztendlich zum Scheitern im Sinne ihres Ziels.

Die Unzufriedenheit der Reichen stellt sich auf weniger oder völlig anderen Gebieten ein als die der Armen. Wirtschaftliche Grundbedürfnisse werden sie immer zufriedenstellen können (satt sein, witterungsangemessen wohnen und sich kleiden, ausgebildet sein, territorial beweglich sein). Im Gegensatz zur Lohnarbeit ist das Einkommen aus Kapitalumschlag bzw. Spekulation im Durchschnitt schnell so hoch, dass man sich aus einer aktiven Teilnahme an beidem entspannt zurückziehen könnte, um seinen Interessen, Neigungen und Erholungsbedürfnissen nachzugehen. Diesen Vorteil nutzen die Reichen jedoch im modernen Kapitalismus nur bedingt. Sie hören nicht auf, ihr Vermögen zu mehren, weil die maßlose Natur der Kapitalvermehrung auf ihren nicht reflektierenden menschlichen Betreiber abfärbt und bei ihm an der Oberfläche den Eindruck hinterlässt, es müsse immer weiter gehen. Ein mentaler Schaden, der zu weiterer Selbst- und Fremdschädigung führt.

Bei den Reichen fallen systembedingt polit-ökonomischer und menschlicher Erfolg auseinander. Der Reichenkonsum dient als Erfolgsbestätigung und soll gleichzeitig die menschliche Unzufriedenheit kompensieren. Da jedoch spezifisch menschliche Bedürfnisse mit ausschließlich ökonomischen Mitteln nicht zu befriedigen sind, resultiert aus der Kompensationshandlung Lächerlichkeit (der goldene Taschengriff)[9].

Harmonie, Freiheit von Schmerz und seelischer Unruhe kann auch eine Billion Geld nicht kaufen. Eine Prostituierte kann noch so teuer sein, sie wird den Kunden als Menschen nicht wegen des Preises mögen. Es verbleibt die Unzufriedenheit. Die Reichenkompensation steht außerdem vor folgender Problematik: Der im Vergleich zum Durchschnittsbürger übermäßige Verbrauch von Waren gehört

---

[9] Ich bestimme Lächerlichkeit als eine Kategorie menschlichen Handelns oder Denkens. Handlungen und Gedanken haben ein prozessimmanentes Ziel - ein Grenzerreichen. Grenzüberschreiten ist nicht mehr zielführend und wird lächerlich, wenn es trotzdem ernsthaft das ursprüngliche Ziel weiterverfolgt. Beweggrund für das Grenzüberschreiten ist: Das Grenzerreichen allein scheint aus ökonomischer Sicht und Konkurrenzgründen zu wenig. Kapital muss wachsen. Damit scheint es, dass wir, die Produktion, der Umsatz, die Gesellschaft quantitativ und qualitativ wachsen müssen, wobei qualitatives Wachtum im Kapitalismus immer nur als quantitatives Wachstum des Kapitals funktioniert. Damit geht ein Verlust der menschlichen Maßstäbe einher.

eigentlich nicht zu den Notwendigkeiten des Reichseins. Er erwächst auch nicht aus den Notwendigkeiten der kapitalistischen Produktion, deren Ziel der effektive Kapitalumschlag ist. Der übermäßige Waren- und Dienstleistungsverbrauch der Reichen ist psychologischer Ursache. Er, der Reiche, muss sehen und verstehen, wozu er Geld verdient. Mit dem Kapitalumschlag ist seine gesellschaftliche Funktion erfüllt. Ihm fehlt an der Stelle allerdings die Plausibilität seiner menschlichen Existenz. So greift er zum Mittel der Unterscheidung. „Wozu mache ich das alles? Mir soll es besser gehen als den Unterlegenen! Mein Leben soll bequemer sein! " In der Folge entwickelt er ein Luxusverhalten, welches regelmäßig in die Falle der kapitalistischen Produktion tappt, die also selbst gestellt ist. Der Luxus wird mit der Wiederholung der Produktion zunehmend billiger und für größere Schichten zugänglich (elektrisches Licht, Telefon, Auto, Flugreise, Gold etc.) Die Ärmeren imitieren den neuen Luxus der gesellschaftlichen Logik folgend. Damit ist die Unterscheidung von Armen- und Reichenluxus tendenziell in manchen Konsumbereichen hinfällig. Dieser Luxus taugt nicht mehr zum Besserfühlen.

Außerdem ist bei vielen Gebrauchsgütern schnell die Grenze erreicht, wo höherer Produktionsaufwand noch die Funktionalität erhöhen kann. Eine Uhr kann aus Gold und Diamanten sein. Trotzdem kann auch ein Exemplar für 20 Euro die Zeit korrekt anzeigen. Hier fängt aus menschlicher Sicht die Lächerlichkeit des Reichenkonsums an. Seine letzte Chance ist regelmäßig nur das Unterscheiden mit Marken und das Absperren von Orten, indem er sie über den Preis für sich definiert. Kein Zutritt für Ärmere! 1. Klasse, Hotelstrand, Eintritt, Gesichtskontrolle. Dementsprechend wütend verfolgt er alle Handlungen, die seiner Strategie zuwiderlaufen (Produktpiraterie, unbefugter Zutritt).

Die Gewinner der menschlichen Konkurrenz entwickeln eine dysfunktionale Ästhetik des Sinnlosen und des Überflusses. Die Funktionalität von Dingen bleibt für Menschen immer beschränkt (Bohrmaschine soll bohren, Kleid soll bedecken, Schmuck soll erfreuen, Tasche soll transportieren, Grundstück soll bewohnbar, begehbar sein etc.) Das widerspricht der Regelmäßigkeit der kapitalistischen Produktion, deren Umschlagskreislauf maßlos und unendlich ist, so dass das IMMER-MEHR der ökonomischen Realität mit dem menschlich begrenzten Zufriedenheitsgefühl immer stärker in Gegensatz gerät. Eine Tasche stößt mit ihrem Material- und Tragekomfort irgendwann an die Grenze ihrer Funktion. Goldene Beschläge und Diamanten erhöhen die Funktionalität nicht mehr und können erst recht nicht Einsamkeit und Kommunikationsmängel ausgleichen.

Die gescheiterte materielle Kompensation der ethischen Schädigungen macht zwei Konsequenzen möglich: a) die Erkenntnis, dass ökonomische Mittel in ihrer derzeitigen Form ungeeignet sind menschliche Schädigungen auszugleichen. Das führt zu Kampfbereitschaft mit den Verhältnissen. b) Fortführung der Kompensationshandlungen auf psychosozialer Ebene durch hilflosen Exzess des Konsums über die Lächerlichkeit hinaus, soziales oder religiöses Engagement, nichtsexuelle Perversität/ Fetisch, Bio/Fairtrade/"Ich mache alles richtig." oder gleich Drogen. Man kann auch ein Kunstwerk als teuer definieren und als Kunstsammler beliebig hohe Preise beispielsweise für ein Bild zahlen. Scheinbar hebt man in der Kunst die Grenze der Konsumfunktionalität und des Preises auf, was zu Stilblüten menschlichen Ausdrucks führt.

Die Reichen haben, wie alle Menschen ein Bedürfnis nach Erklärung des Jetzigen. Wer eine Bestätigung seiner gesellschaftlichen Aktion als richtig sucht, benötigt ein Weltbild, welches das Jetzt als notwendig und in seiner Grundstruktur unveränderlich interpretiert. Gerade weil jedem durch die Vielfalt der schmerzenden Erscheinungen in der Welt erhebliche Zweifel an dieser Interpretation entstehen, vervielfacht das die systemstützenden Anstrengungen. Folgenlose Kulturkritik in Verbindung mit einem statischen Menschenbild leisten den Übertrag von Naturnotwendigkeiten auf die menschliche Gesellschaft: „Wir müssen den Notwendigkeiten folgen, auch wenn es weh tut." Gleichzeitig tut sich zur Bearbeitung dem Banaldenken ein sehr weites Feld auf, dessen Aufgabe es ist, möglichst keine Sachaussagen zu treffen, stattdessen an Kompetenzen herum zu philosophieren. Realität soll durch Menschen nicht erkennbar und/ oder gestaltbar sein. Eine Denkweise, die allerdings nur im akademischen Bereich überlebensfähig ist, weil sie der Praxis jeder Firma, jeden Gerichts und jeder Regierung widerspricht.

3 Geld und Liebe

Die Psychologie des heutigen Geldbürgers hat gewisse Schwierigkeiten damit anzuerkennen, dass die täglichen Lebensaktivitäten sich nur um ökonomische Notwendigkeiten drehen sollen. Um dem Leben also einen darüber hinausgehenden Inhalt zu geben, sucht man Bereiche, in denen man sich wohlfühlen kann, ohne an den Preis zu denken. Viele stilisieren dieses Streben nach einem Ziel dann zu ihrem Lebenssinn hoch.

Einerseits ist das, von außen betrachtet, kein schlechtes Signal. Bedeutet es doch, dass Sehnsucht und Hoffnung der Menschen, ihr Denken und Fühlen offensichtlich über die Abstraktionen des Geldes hinausgehen. Andererseits ist die Sinnsuche doch ein schlechtes Vorzeichen, weil ein systematisches Scheitern derselben vorprogrammiert ist. Das nennt man dann das Auf und Ab[10]. Das Streben nach dem Wahren, Wahrhaftigen, Wirklichen ist in seiner individuellen Komponente ein Missverständnis des Strebens nach Akkumulation abstrakten Reichtums und kollidiert mit schöner Regelmäßigkeit mit der ökonomischen Realität.

Wer kennt sie nicht, diese Gespräche darüber, was man eigentlich wollte und dann ging das aber nicht und dann ist man da hängen geblieben, wo man jetzt eben hängt, am Galgen der finanziellen Notwendigkeiten, unter dem jederzeit jemand den Hocker wegstoßen kann. Panik, Bluthochdruck, Nervosität waren seit Generationen und bleiben ihrerseits ein lukratives Betätigungsfeld der Ärzte, welche freilich soziale Desintegration und Instabilität nicht heilen, sondern nur interpretieren können.

Die früher bei den Sinnsuchern relativ beliebten verschiedenen Religionen haben durch einige offensichtliche Schwächen, wie ihre

---

[10] José Ortega y Gasset erklärt in „Geschichte als System" treffend die Ursachen der Sinnsuche in einem Missverständnis: „Der Mensch erfindet sich ein Lebensprogramm, eine statische Form des Seins, die zur Zufriedenheit die Schwierigkeiten bewältigt, die ihm die Umwelt bereitet. Er versucht diese Lebensform, er will die imaginäre Persönlichkeit, die er zu sein entschlossen ist, verwirklichen. Voller Illusionen läßt er sich in diesen Versuch ein und macht damit gründlich seine Erfahrungen. Das bedeutet, daß er schließlich fest glaubt, diese Persönlichkeit, sei sein wahres Sein. Aber, während er diese Erfahrungen macht, machen sich schon die Mängel und Grenzen dieses Systems bemerkbar. Es behebt nicht alle Schwierigkeiten und erzeugt neue. Die Lebensform ließ sich zunächst von ihrer Vorderseite sehen und zeigte ihr lichtes Antlitz: deshalb war sie reine Illusion, Begeisterung, lockendes Versprechen. Dann aber sieht man ihre Begrenzungen, ihre Kehrseite. Und nun ersinnt der Mensch ein neues Lebensprogramm. (…) Auf den zweiten Seinsplan, auf die zweite gründliche Erfahrung folgt eine dritte, die sich im Hinblick auf die erste und zweite bildet, und so weiter. Der Mensch beginnt und hört auf zu sein, solange er lebt." Ortega y Gasset (1956), S.389-411

mafiösen Verbindungen mit dem politökonomischen Establishment, in den letzten Jahrhunderten ihre Attraktivität für das Ablenken vom Geldkampf eingebüßt. Dafür rückt als Erhebung über das praktische Überleben die Liebe als Königsdisziplin des Sinnsuchens immer mehr in den Mittelpunkt.

In den Stürmen der Zeit, wo man sich auf nichts und niemanden mehr verlassen kann, zählt nur das, was zwischen uns beiden ist. Du sollst meinen Anspruch auf Glück befriedigen, den die brutale Welt ignoriert.

Wie bei jeder Kompensation, die zwischen Menschen stattfindet, ist die Verantwortung für das Liebesverhältnis eine Bedrohung desjenigen, der diesen Anspruch erfüllen soll. Da es unmöglich ist, einen Menschen unter Ausschluss aller äußeren gesellschaftlichen Faktoren dauerhaft froh zu machen, führt die gegenseitige ideelle Inanspruchnahme zu psychologischen bis psychiatrischen Verwerfungen aller Art. Man hat schon seinen Kummer mit der Liebe - geradezu Liebeskummer. Besonders groß ist die Enttäuschung, weil gerade die Person, die einen für die alltäglichen Schädigungen in Beruf und Öffentlichkeit entschädigen sollte, sich vermeintlich in die Reihe der Schädiger einfügt. Trotzdem ist Enttäuschung nicht das richtige Wort, da die Täuschung in den meisten Fällen weiterbesteht und nur mit einer bestimmten Abgeklärtheit ergänzt wird. Die Täuschung kann auch nicht endgültig enttäuscht werden, weil ihr Träger deren Motivation nicht wahrhaben will. Ebenso wenig wie er die Faktoren angreifen will, welche die soziale Fundierung der menschlichen Psyche be- und verhindern - wie z. B. die Geldanarchie. Ebenso wenig wie er sich mit anderen organisieren will, um Bedingungen zu schaffen, die ein Leben in Geborgenheit für alle ermöglichen. Das hält er nämlich aus einem seltsamen Selbstschutz heraus für absolut unmöglich - im Gegensatz zur Liebe.

Wenn Zuneigung und körperliche Anziehung über das Bedürfnis zusammen zu sein hinausgehen, wenn diese in dem Anspruch münden: Mach mich glücklich, wenn das zu allerlei Überlegungen führt, wie man den jeweils anderen in seinen Lebensplan einpasst, ist die notwendige Folge, dass je weiter ein Land finanz-ökonomisch entwickelt ist, sich die sexuelle Annäherung um so schwieriger gestaltet. Das Köpfchen des bürgerlichen Geldmenschen muss viel leisten, bevor der Körper seine sexuellen Bedürfnisse befriedigen darf. In der Regel muss der Partner in die Konventionen passen, muss eine Perspektive bieten, muss von seiner Attraktivität her der eigenen vermeintlichen gleich kommen, eben marktkompatibel sein[11].

---

[11] Erich Fromm erklärt in „Die Kunst des Liebens" die Wechselwirkung von Markt und Liebe: „Unsere gesamte Kultur gründet sich auf die Lust am Kaufen, auf die Idee des für beide Seiten günstigen Tauschgeschäfts. Schaufenster anzusehen und sich alles, was man sich leisten kann, gegen bares Geld oder auf Raten kaufen zu können - in diesem Nervenkitzel liegt

Abweichende marktunübliche Ausnahmen bieten Anlass für Kopfschmerzen bei den Beteiligten, Familienfehden und die entsprechenden Filmproduktionen nach dem Romeo-und-Julia-Muster. Am Ende kommt noch die sicherlich sehr löbliche Verhütung dazu und schon erklärt sich die niedrige Geburtenrate und die dazu umgekehrt proportionale Anzahl der Kontaktanzeigen in den Hauptländern des Kapitalismus von alleine. Die Singlebörse (was für ein treffender Ausdruck für Humankapital!) wird zur Illustration der intellektuellen, nichtkörperlichen Perversion der Sexualität. In der zivilisierten Welt fühlt man sich der Überbevölkerung der armen Länder so unendlich überlegen. Wie können Leute für den Menschenmarkt zu viele Nachkommen produzieren? So lautet die Frage des sexuell kontrollierten Fortschrittsbürgers im falschen Bewusstsein seiner erworbenen Höherqualifikation. Für einen Moment kann er seine Frustration vergessen.

In Wirklichkeit eröffnet der Satz „Ich liebe dich." ein Feld für Untersuchungen, wie merklich und unmerklich Geld und Liebe sich berühren und mischen, ohne dass irgendjemand das wollte.

Das geht schon damit los, dass zwei Menschen aus unterschiedlichen Einkommensverhältnissen sich insgeheim verdächtigen werden. Der eine, dass der arme Schlucker sich nach oben und reich schlafen will. Der andere, dass der arrogante Geldbeutel seine finanzielle Verfügungsgewalt auf die zwischenmenschliche Beziehung übertragen will (Wer bezahlt denn die Miete?). Derartige Verdachtsmomente haben ihre Berechtigung, weil die beschriebenen Denkweisen wirklich nicht auszuschließen sind und außerdem durchaus verständliche Parallelen zum sonstigen Wirtschaftsleben darstellen. Außer dass man jemanden nett findet, muss man sehen, wo man bleibt. Einer muss tatsächlich die Miete und den Kühlschrankinhalt bezahlen. Der sympathische Loser mit den leeren Taschen wird also keine Dauerlösung sein oder nicht die einzige. Es sei denn, man bezahlt alles selbst. Womit wir wieder bei dem Ich-fühle-mich-irgendwie-ausgenutzt-Syndrom wären. Liebst du mich wirklich? - Man misstraut der uneigennützigen Zugewinngemeinschaft. Wie weit der Glücksanspruch reicht und wo

---

das Glück des modernen Menschen. Er (oder sie) sieht sich die Mitmenschen auf ähnliche Weise an. Der Mann ist hinter einem jungen Mädchen und die Frau ist hinter einem attraktiven Mann her. Dabei wird unter ‚attraktiv' ein Bündel netter Eigenschaften verstanden, die gerade beliebt und auf dem Personalmarkt gefragt sind. (…) Man will ein Geschäft machen; der erwünschte Gegenstand sollte vom Standpunkt seines gesellschaftlichen Wertes aus begehrenswert sein und gleichzeitig auch mich aufgrund meiner offenen und verborgenen Pluspunkte und Möglichkeiten begehrenswert finden. So verlieben sich zwei Menschen ineinander, wenn sie das Gefühl haben das beste Objekt gefunden zu haben, das für sie in Anbetracht des eigenen Tauschwertes auf dem Markt erschwinglich ist." Fromm (1990), S.13-15

die kalte Berechnung anfängt, wissen die meisten sicher selbst nicht, nur dass sie schon letztes Mal in der Pizzeria bezahlt haben.

Auch bei einkommensähnlichen Partnern belauert man sich latent. Das zeigt sich besonders schön an den Vertragshandlungen während des Zusammenseins und nach der Trennung. Das steckt nicht im Menschen oder liegt an seinem Egoismus, sondern liegt daran, dass der Staat jeden Schritt des Paares juristisch regelt. Finanzielle Rechte und Pflichten sind definiert, egal wann und ob überhaupt die Liebenden sich dessen bewusst werden. Ehe und eingetragene Partnerschaft als Gipfel der Liebe sind Handelspartnerschaften. Unterhalt, Gütertrennung, steuerliche Veranlagung, Pflege, Sorgerecht, Erbe - diese blutrünstige Aufzählung ließe sich beliebig fortsetzen und führt zu allerlei Rosenkrieg, Mord und Totschlag.

Man kann es bedauern, aber in der Gesellschaft des Privateigentums an sozialen Gütern liegt der Gedanke des Besitzens in sozialen Beziehungen erdrückend nahe. Nicht umsonst heißt es: „Das ist mein Mann", wofür „Das ist mein Freund" nur ein frühes Training ist. Und genau wie bei Betrug und Unterschlagung in der Buchführung spricht man von Betrug beim Unterschlagen von Sexualorganen außerhalb der Eigentumsverhältnisse einer Beziehung[12]. Programme wie die Platonsche Weibergemeinschaft[13] oder die Punaluafamilie[14] stoßen

---

[12] Brechts Antwort auf Kants Metaphysik der Sitten: „Den Pakt zu wechselseitigem Gebrauch / von den Vermögen und Geschlechtsorganen / den der die Ehe nennt, nun einzumahnen / erscheint mir dringend und berechtigt auch. / Ich höre, einige Partner sind da säumig. / Sie haben - und ich halt's nicht für gelogen - / Geschlechtsorgane kürzlich hinterzogen: / Das Netz hat Maschen und sie sind geräumig. / Da bleibt nur: die Gerichte anzugehen / Und die Organe in Beschlag zu nehmen. ..." (Brecht, 1967) S.609

[13] Platon (1991), S.365: „... Daß dieseWeiber allen diesen Männern gemein seien, keine aber irgend einem eigentümlich beiwohne, und so auch die Kinder gemein, so daß weder ein Vater sein Kind kenne, noch auch ein Kind seinen Vater. ..."

[14] Friedrich Engels beschreibt in „Der Ursprung der Familie" die Beziehungen zwischen Männern, Frauen und Kindern als aktives, fortschreitendes Element, welches keinen Idealtypus hat, sondern historisch, ökonomisch und sozial bedingte, wechselnde Formen: „Die eben erwähnten Verwandtschaftssysteme und Familienformen unterscheiden sich von den jetzt herrschenden dadurch, daß jedes Kind mehrere Väter und Mütter hat. Bei dem amerikanischen Verwandtschaftssystem, dem die hawaiische Familie entspricht, können Bruder und Schwester nicht Vater und Mutter desselben Kindes sein; das hawaiische Verwandtschaftssystem aber setzt eine Familie voraus, in der dies im Gegenteil die Regel war. Wir werden hier in eine Reihe von Familienformen versetzt, die den bisher gewöhnlich als allein geltend angenommenen direkt widersprechen. Die hergebrachte Vorstellung kennt nur die Einzelehe, daneben Vielweiberei eines Mannes, allenfalls noch Vielmännerei einer Frau, und verschweigt dabei, wie es dem moralisierenden Philister ziemt, daß die Praxis sich über diese von der offiziellen Gesellschaft gebotenen Schranken stillschweigend aber ungeniert

allgemein auf Ablehnung, obwohl sie historisch und in urgesellschaftlichen Organisationsformen der Menschen regelmäßig vorkommen. Doch bei der Verallgemeinerung des aktuellen Zustandes zu DEM menschlichen Wesen interessiert den Eigentums- und Liebesfreund die unverklemmte sexuelle Freizügigkeit seiner Vorfahren nicht. Ausgegangen ist der Eigentumsgedanke beim Liebesspiel von dem Wunsch nach einem Halt in der chaotischen Welt des kapitalistischen Marktes als Kontrastprogramm. Wenn man schon die Börse und die Arbeitsmarktsituation nicht voraussagen kann, so will man wenigstens zu Hause Ruhe und Vertrauen finden. Angekommen ist man am Ende beim vertragsgemäßen Gebrauch von Gefühlen - eben Freiheit in sozialer Verantwortung - die beste Umschreibung von Herrschaft.

Die konsequentesten Ausdrücke des sinnlosen Versuchs Geld und Sex, als körperlichen Ausgangspunkt für Liebe, zusammenzubringen sind Pornographie und Prostitution, beides vom Kapitalismus zu ihren zweifelhaften ästhetischen und kommerziellen Höhepunkten gebracht. Sinnlos deswegen, weil sexuelle Befriedigung beim denkenden Tier nur dann Wohlbefinden erzeugen kann, wenn seelische und körperliche Bedürfnisse als Einheit erfüllt werden. In dem Bewusstsein sich jemandes sexuelle Dienstleistung nur mit abstraktem Kredit, Geld, kaufen zu können, ist ein Wohlbefinden unvollkommen und verlogen. Die gegenseitige Zuneigung, die bei Prostituierten in der Regel fehlt, ist Voraussetzung für gegenseitige Zärtlichkeiten, die alles vergessen lassen für den ausschließlichen Genuss. Der Höhepunkt ist Abstraktion von allem Störenden.

Versucht wird es trotzdem aus verschiedenen Gründen. Ist Geld in der Welt, bietet es theoretisch unbegrenzten Zugriff auf alle sozialen und materiellen Leistungen der Gesellschaft. Dieser abstrakte Reichtum in Scheinchen, Münzen, Krediten, börsennotierten Anteilsscheinen, Versicherungen schließt gleichzeitig den Zugriff von Nichtbesitzern dieser Zugangsmittel aus. Sind die Möglichkeiten des Gelderwerbs durch andere Formen von Ausbeutung oder Eigenarbeit beschränkt, unmöglich oder unattraktiv greift der Mensch auf seine eigene natürliche Grundlage zurück, seinen Körper als Sexualgegenstand. Wenn nichts mehr geht, das geht.

---

hinwegsetzt. Das Studium der Urgeschichte dagegen führt uns Zustände vor, wo Männer in Vielweiberei und ihre Weiber gleichzeitig in Vielmännerei leben und die gemeinsamen Kinder daher auch als ihnen allen gemeinsam gelten; Zustände, die selbst wieder bis zu ihrer schließlichen Auflösung in die Einzelehe eine ganze Reihe von Veränderungen durchmachen. Diese Veränderungen. sind der Art, daß der Kreis, den das gemeinsame Eheband umfaßt und der ursprünglich sehr weit war, sich mehr und mehr verengert, bis er schließlich nur das Einzelpaar übrigläßt, das heute vorherrscht." Aus: „Der Ursprung der Familie, des Privateigentums und des Staates", MEW (1975-1978),Bd.21, S.38f

Zu unterscheiden ist zwischen denen, die eine neue Geldanlage suchen, weil andere Ausbeutungsmöglichkeiten nicht vorhanden sind oder nicht lukrativ sind, und denen, welche jeder Möglichkeit beraubt sind, durch Verleih ihrer sonstigen Arbeitskraft an Lebensmittel zu kommen. Sehr schön ist dieses Verfahren sichtbar bei Bevölkerungen ohne Zugang zu industriellen Kapitalumschlagsmöglichkeiten und zusammenbrechender Landwirtschaft, z.B. das Nato-Protektorat Kosovo oder Moldawien, außerhalb Europas in den armen Schichten sowieso. Menschenhandel, Pornofilme etc. sind der logische Übertrag von Geschäftsgebaren aus anderen Bereichen auf den menschlichen Körper, solange sich eine zahlungskräftige Nachfrage findet. Solche Nachfrage lässt tief blicken auf die sonstigen Möglichkeiten, seine sexuellen Bedürfnisse zu befriedigen. Die Hürden dürften derart hoch sein, dass Mann und Frau zu verdrehten Auswegen greifen, um ihre drängende Natur aus einer Zwangslage zu befreien, obwohl die Befreiung nicht wirklich befriedigend ist. Der bürgerliche Sachverstand erfasst dann die ökonomische Konsequenz der Geldwirtschaft total verzerrt nur als menschliche Tragödie, Kriminalität, moralische Katastrophe. „Der Mensch als Ware" meint nicht die korrekte Beschreibung der Realität, sondern soll irgendwie Entrüstung über die moralische Verwerflichkeit zum Ausdruck bringen. Schaurig spricht man von Sexsklaven, sexueller Ausbeutung, als wäre Ausbeutung nicht etwas Alltägliches. Es kann doch nicht wahr sein, was wahr ist.

Das Bürgertum will nicht einsehen, dass Sklavenhandel nicht an die Sklavenhaltergesellschaft gebunden ist, sondern eine übliche Form der Kapitalverwertung der Moderne. Will man das loswerden, muss eine ökonomische Umwälzung auf die Tagesordnung, eine Entmachtung der politischen Zuhälter des Kapitals und nicht Razzien der Sittenpolizei, einmal abgesehen von den Verflechtungen der Politik und Polizeigewalt in ebendiese Machenschaften - schönstes Beispiel wieder Kosovo, eine Nato-Bordell-Landschaft.

Dabei ist das eigentlich Traurige, dass die sich als Kunde und Prostituierte gegenübertretenden Menschen in Zuneigung zueinander finden könnten. Unter den Umständen ihrer Begegnung ist diese Zuneigung aber nahezu ausgeschlossen, da der eine mit seiner zahlenden Nachfrage die ökonomische Notwendigkeit des anderen ausnutzen muss, um diesem näher zu kommen. Denkbar schlechte Voraussetzungen für unbeschwerte Zweisamkeit. Von dem Bewusstseinsgrad der Beteiligten hängt ab, inwieweit sie die ökonomischen Charaktermasken ihrer Gesellschaft verinnerlichen und verkörpern. In ihrer Einfalt meinen die Kunden, dass Geld ihnen Zugriff auf Zuneigung und Anerkennung gewährt, die Prostituierten wünschen sich, dass die Freier ihr Geld abgeben und schnell wieder gehen, was ein fatales Missverständnis von beiden Seiten ist und oft genug, unter den Bedingungen nicht zu vermeiden, im gewalttätigen Streit endet.

Übrigens ist die Prostitution der Straße das Vorbild der Prostitution zu Hause. Menschen wählen einen Partner aus finanziellen Erwägungen. Der vermeintliche gesellschaftliche Aufstieg durch Geschlechtsorgane ist die banale Kopie des Bordellbesuchs, nur zur Dauereinrichtung gemacht.

Gegen Pornographie wäre im Prinzip nichts einzuwenden, wenn die Darsteller freiwillig und ohne ökonomische Notwendigkeit aus Spaß ihren Sex publik machen würden. Genauso wie ein Schuhputzer, der nicht arbeitet, weil er Brötchen kaufen will, sondern weil er es gern hat, wenn um ihn herum die Schuhe glänzen und wenn er Leder berühren darf. Oder ein Friseur, der nicht 5,80 Euro brutto verdienen will, sondern große Freude an Haaren hat und seine Frisuren gern auf der Straße sieht. Zukunftsmusik der Nachgeldgesellschaft klingt so.

Genau diese Sehnsucht aller Beteiligten ermöglicht erst das Geschäft mit menschlichen Beziehungen. Das Wesen des Geldes schließt genau diese vorweggenommene Sicht der Geschäftspartner auf einen zukünftigen Gebrauchswert ein, der sich ihnen nur zugänglich erweist über eben das Geschäft mit abstrakten Tauschwerten. Ich sehe in dir mein neues Auto. Du bist meine neue Uhr. Realisieren können wir alles nur über Münzen, Scheine, Schecks für Gegenleistungen (die freilich im zwischenmenschlichen Bereich nicht nötig wären, wenn Mensch zu Mensch findet durch Sympathie als ein gemeinsames Gefühl) - Gegenleistungen, die auch nur nötig sind, weil die Menschen ihren Verkehr über abstrakte Zahlungsmittel abwickeln. Wie treten wir uns gegenüber - als ökonomische Charaktermaske. Es wird Zeit das anders zu organisieren.

Was ist denn nun Liebe? Hässlich formuliert könnte man sagen, sie ist ein psychologischer Trick der Natur auch zivilisierte Völker manipulativ zur Reproduktion zu bewegen. Nett formuliert kann man ergänzen, dass diese Manipulation immerhin ihre schönen Momente hat, solange die Illusion hält. Dasselbe gilt allerdings auch für eine Flasche Cognac. In Wirklichkeit ist Liebe keine Beziehung, hat auch nichts mit anderen zu tun. Man hat sie für sich alleine, indem man in eine andere Person einen gewissen eigenen Inhalt legt. Manchmal ist dieser Zustand zeitgleich bei beiden vorhanden. Dann hat man einen missverständlichen Glücksmoment. Die Liebe ist ewig, solange sie dauert, wie mal ein Sänger treffend das Phänomen beschrieb[15]. Zur Kompensation taugt sie kein Stück. Als zur Institution gewordene Ehe zeigt sie ihr staatstragendes Gesicht, als staatliche Einrichtung reproduziert eine menschliche Dauerbeziehung die ökonomische Ordnung, gegenüber den Kindern die politische Ordnung. Was man daraus macht, ist natürlich jedem überlassen. Aber: Eine

---

[15] "Eu possa me dizer do amor (que tive): Que não seja imortal, posto que é chama. Mas que seja infinito enquanto dure." Soneto de Fidelidade - Sonett der Treue (de Moraes, 1960) S. 96.

charakteristische Gleichförmigkeit der Beziehungen ist in der Praxis leider allzu deutlich.

4 Geld und moderne Moral - Michael Sandel

Eine andere Art die heutige Marktökonomie zu verteidigen ist es, ihr eine moralische Begleitmusik zu geben. Das bedeutet, man versucht nicht die üblen Konsequenzen der Geldwirtschaft zu verschleiern oder durch sinnlose Detaildiskussionen zu überdecken, sondern man formuliert moralische Grenzen, welche das Marktgeschehen nicht übertreten sollte. Wenn es doch die moralischen Grenzen überschreitet, kann man sagen, das ist keine logische Folge der Wirtschaft mit Geld, sondern die Folge eines moralischen Versagens. Damit wird nämlich unterstellt, die Wirtschaft für den Markt mit Geld ist im Prinzip nützlich und in Ordnung, solange eben gewisse Extreme vermieden werden. Schlag mich, aber nicht ins Gesicht!
Darf man für Spenderorgane bezahlen, also mit menschlichen Organen handeln? Darf man mit Lebensversicherungen spekulieren? Darf man andere Menschen als Söldner bezahlen, anstatt selbst in den Krieg zu ziehen? Darf man Kindern Geld geben, damit sie lesen und schreiben? Darf man jemanden für Sex bezahlen?
Diese Fragen stellt Michael Sandel, Professor für politische Philosophie in Harvard, 2012 in seinem Buch „Was man für Geld nicht kaufen kann - Die moralischen Grenzen des Marktes". Und wenn er diese Fragen stellt, scheint die Antwort nicht klar zu sein. Leute wie du und ich würden sagen, man darf, was man kann. Was man tut, darf man, sonst könnte man es gar nicht tun, weil einen derjenige, der über das Dürfen entscheidet, daran hindern würde. Aber der Moralist stellt die Frage nach dem dürfen anders. Er unterstellt ein ethisches Subjekt (irgendwie wir alle), das Erlaubnisse verteilt. Und in der Realität gibt es jetzt massenweise Vorkommnisse, die nach Meinung des Moralisten diese fiktive ethische Erlaubnis nicht erhalten haben. Es passieren also Dinge, die eigentlich nicht passieren dürften. Der Moralphilosoph tut so, als ob seine Idealvorstellung der Welt eingehalten werden müsste. Er erspart sich in aller Regel den Beweis, dass dieses Ideal jemals Grundlage für die reale Entwicklung war. Er stellt auch nicht die Frage nach den tatsächlichen Gewaltverhältnissen, die diese reale Entwicklung garantieren.
Ich gehe bei Rot über die Straße. Darf ich das? Wen interessiert so eine Frage? Nur jemanden, der ernsthaft davon ausgegangen ist, dass man bei Rot stehen bleiben muss; und zwar unabhängig davon, ob ein Auto kommt oder ein Polizist hinter mir steht. Diese Annahme ist praktisch aber nichts weiter als eine Einbildung, weshalb ich selbstverständlich die Straße aus eigener Entscheidung überqueren kann. In Wirklichkeit sind die Meckerer am Straßenrand („Bist du farbenblind? ", „Schönes Vorbild! ") nicht um irgendjemandes

Gesundheit besorgt, sondern sie ärgern sich. Nachdem sie sich in einem komplizierten psychologischen Prozess an bestimmte, fremde Regeln angepasst haben, sehen sie einen anderen, der sich nicht anpasst und ihnen gegenüber Vorteile hat. Er muss nicht warten. Der Opportunist will nicht Vorteile haben wie die anderen, sondern alle anderen sollen die Nachteile haben wie er.

Beim Geld sieht die Argumentation ähnlich aus. Ich stelle mir Geld und Markt als effizient und gemeinnützig vor. In der Praxis fallen mir jetzt lauter Abweichungen von meinem Ideal auf, die aber meiner Meinung als Moralist nach nicht aus der Logik der Geldvermehrung erwachsen, sondern aus ethischen Verfehlungen. Ich stelle die Frage, ob diese Abweichungen sein dürfen. Erwartete Antwort: Nein!

„Eine Marktwirtschaft ist ein Werkzeug - ein wertvolles und wirksames Werkzeug - für die Organisation produktiver Tätigkeit. Eine Marktgesellschaft jedoch ist eine Lebensweise, in der das Wertesystem des Marktes in alle Aspekte menschlicher Bemühungen eingesickert ist."[16]

Die gute „Marktwirtschaft" wird von der „Marktgesellschaft" korrumpiert, die natürlich total dem eingebildeten Ideal des Marktes widerspricht, wertvoll und wirksam produktive Tätigkeiten zu organisieren. Diese einsickernden falschen Werte sind ziemlich verschlagen!

„Wir leben also in einer Zeit, in der fast alles ge- und verkauft werden kann. Im Laufe der letzten drei Jahrzehnte haben es die Märkte - und die damit verbundenen Wertvorstellungen - geschafft, unser Leben wie nie zuvor zu beherrschen." [17]

Das hört sich an wie eine Einschätzung der Lage, ist aber als Kritik gemeint. Für einen Philosophen dürfen die Märkte seiner Lieblingsgesellschaft Kapitalismus nicht alles beherrschen. Wo bliebe er denn sonst mit seinen Vorlesungen zur Ethik? Die wären dann ja überflüssig und müssten in Ökonomieunterricht umgewandelt werden. Deswegen versucht Sandel einen Gegenangriff. Der Ökonomie muss Moral beigebracht werden.

„Je weiter die Märkte ihren Zugriff auf die nichtökonomischen Bereiche des Lebens ausdehnen, desto stärker verstricken sie sich in moralische Fragen."[18]

Dabei leistet die Finanzkrise 2008 argumentative Schützenhilfe. Denn dem Triumph der Märkte hätte die Finanzkrise ein Ende gesetzt und viele Menschen hätten nun das Gefühl, dass sich die Märkte von der Moral abgekoppelt hätten und man beides wieder verknüpfen müsste. Das „moralische Versagen der Märkte"[19] allein auf die menschliche Gier zu schieben hält Sandel aber nicht für richtig.

---

[16] Sandel (2012), S.18.
[17] Sandel (2012), S.12.
[18] Sandel (2012), S.112.
[19] Sandel (2012), S.13

„Obwohl die Gier sicherlich eine Rolle gespielt hat, geht es hier um etwas Größeres. Die schicksalhafteste Änderung der letzten drei Jahrzehnte war nicht die Zunahme der Gier. Es war die Ausdehnung der Märkte und ihrer Wertvorstellungen in Lebensbereiche, in die sie nicht gehören.“[20]

Hier gibt es gleich eine Reihe von vorausgesetzten Sachverhalten. Der Markt kann moralisch nur versagen, wenn er eine Moral hat oder hatte, ja wenn es (außer im Kopf von Moralisten) überhaupt Moral gibt. Und was für einen Sinn hätte eine Moral, die ausgerechnet dann versagt, wenn sie zum Einsatz kommen soll, wenn nämlich Wertvorstellungen sich dahin ausdehnen, wo sie der Moral widersprechen. Die Moral ist in Wirklichkeit keine Apriori-Norm, sondern eine nachgeschobene Erklärung für Erscheinungen, die meiner ursprünglichen Einbildung nicht entsprechen.

Deswegen sind Sandels Erklärungen, wie die Erklärungen aller Moralisten, a posteriori aus seiner sozialen Stellung erwachsen und nicht umgekehrt ethische Grundlage für irgendjemandes Entscheidungen. Wenn er fragt, „warum wir die Befriedigung von Vorlieben maximieren sollten, ohne auf ihren moralischen Wert zu achten“[21], meint er mit diesem „relevantesten Einwand“ gegenüber der Marktlogik zunächst, dass zwar alle mit „Autos, Toastern und Flachbildschirmen“ versorgt werden können. „Wendet man diese Marktlogik jedoch auf Fragen der Sexualität, Fortpflanzung, Kinderaufzucht, Bildung, Gesundheit, Einwanderungspolitik, des Strafrechts und Umweltschutzes an, ist es weniger plausibel, anzunehmen, dass die Vorlieben eines jeden gleichwertig sein sollen.“ Ihn interessiert nicht die materielle Not, welche die Marktwirtschaft durch geldbedingten Ausschluss produziert. Ihn stört vor allem das „utilitaristische Kalkül“, welches Opern und Hundekämpfen unparteiisch dasselbe Gewicht einräumt. „Sollte ihr Wunsch, ein Kind das Lesen zu lehren, wirklich ebenso viel zählen wie der Wunsch Ihres Nachbarn, ein Walross aus kürzester Distanz abzuschießen? “[22]

Wie viele Leute auf der Welt denken denn über diese Alternative nach? Überhaupt werden die Ressourcen und Möglichkeiten im Kapitalismus nicht mit der Gießkanne verteilt, sondern bleiben in der Hand der wenigen Leute, die Kraft ihrer finanziellen und politisch-militärischen Mittel darüber bestimmen. Der ganze Rest (siehe Vermögensverteilung nach credit-suisse.com 2010 im Kapitel "Die klassischen Dogmen…") nimmt nur am Verbrauch teil und das nur im Rahmen seines Arbeitskraftentgeltes. Sandel nennt nicht die Verantwortlichen für ökonomische und politische Entscheidungen. Er spricht nicht über Regierungen und Konzerne, über Armeen und Kriege. Er tut so, als wären wir alle schuld an dem großen Defizit an

---

[20] Sandel (2012), S.13.
[21] Sandel (2012), S.112f.
[22] Sandel (2012), S.113.

moralischer Diskussion zum Thema Markt. So als würde jeder zweite in seinem Vorgarten auf ein Walross schießen.

„Märkte", „Marktlogik" hört sich unpersönlich an. Wer ist das? Wer macht das? Es sind Menschen, die handeln, weil ein bestimmtes ökonomisches System durch bewaffnete, menschliche Gewalt garantiert wird und übrigens nicht durch eine vorausgegangene Sammlung ethischer Argumente. Wenn in der Geldwirtschaft die Anhäufung von Geld das Ziel ist, wird diese Anhäufung tendenziell auf jeden Bereich ausgedehnt.

Und die Behauptung, dass es Lebensbereiche gibt, wo der Markt nicht hingehört, ist die nächste Einbildung. Einige Leute waren offenbar gerade der Meinung, dass Verdienstmöglichkeiten in Krankenhäuser, Schulen, Eisenbahnen gehören, weil sie gut damit verdienen. Und ist Geld einmal in der Welt, wird es immer Leute geben, die nach neuen Anlagemöglichkeiten suchen. Die einen fühlen sich von den Umständen dazu eingeladen, andere vielleicht gezwungen. Im privaten kapitalistischen Gegeneinander muss jeder sehen, wo er bleibt. Erst kommt das Fressen, dann die Moral (Berthold Brecht 1928 in der Dreigroschenoper - „Ballade über die Frage: Wovon lebt der Mensch?"). Leute, die sowieso gut essen, mögen das anders sehen. Sie produzieren dann die schrägen Vorstellungen vom Kapitalismus, wo doch jeder auch ohne Übertreibungen sein Auskommen finden kann, weil SIE es im Moment haben.

Natürlich will ich nicht, dass ein Organhändler für Geld meine Nieren wegtransplantiert. Aber nicht, weil das moralischen Wertvorstellungen widerspricht, sondern weil ich dann ein riesiges gesundheitliches Problem hätte. Andererseits tut der Händler das auch nicht wegen seinem moralischen Versagen, sondern um ein neues Auto zu bezahlen o.ä. Es ist eine Gewalt- und Gelddebatte, die hier geführt werden muss, keine der moralischen Grenze. Geld ist schädlich und alle können sein Opfer werden, auch die momentanen Nutznießer wie ein Organhändler. Auch er kann eines schönen Tages ohne Nieren und Netzhäute wachwerden.

Es ist sinnlos den Kindern immer wieder vorzuhalten, dass Schokolade unter dem Kopfkissen nichts zu suchen hat, wenn sie sie doch gerade dort hingelegt haben, also der Meinung sind, dass sie genau dort hingehört. Es steht Aussage gegen Aussage. Frage ich nicht nach Umständen und Entscheidungsgründen für das Deponieren der Schokolade, werde ich ständige Flecken und Fettwerden nicht vermeiden.

Sandel tut so, als müsste die Marktwirtschaft nicht logisch zu Ungleichheit und Korruption führen, sondern nur, wenn alles käuflich wird.

„Warum sollten wir uns darüber Sorgen machen, dass wir auf dem Weg in eine Gesellschaft sind, in der alles käuflich ist? Aus zwei

Gründen - einer davon hat mit Ungleichheit zu tun, der andere mit Korruption."[23]

In der Warengesellschaft, wo flächendeckend Gebrauchsgegenstände und Dienstleistungen als Tauschobjekte, als Waren zum Geldverdienen produziert werden, wird man natürlich früher oder später alles in Geld umrechnen, nicht nur „Yachten, Sportwagen und teure Feriendomizile"[24], auch politischen Einfluss genauso wie medizinische Versorgung und Bildung. Den Idealkapitalismus, wo die Leute außer über Geldverdienen auch über schöne Werte nachgedacht haben, gab es sowieso nur in einigen Gegenden einiger reicher Länder. Dass der idyllische Vorstadtkapitalismus der Mittelklasse nach der Krise ins Wanken geraten ist, finden folgerichtig die intellektuellen Vertreter dieser Klasse Besorgnis erregend (siehe dazu auch Kapitel "Sonderfall Mittelklasse").

Alles soll sich nur um Geld drehen? Das darf doch nicht wahr sein! Zum Lieblingswort des Moralisten wird „eigentlich". Alles müsste eigentlich anders sein. „Eigentlich" ist der hilflose Versuch etwas weiterhin zu mögen, was ganz anders ist, als man immer gedacht hatte. Ethisch denken, um die Realität zu bewältigen? Eine ungeeignete Technik - als psychologische Kompensation trotzdem funktional.

Ethik ist nicht nur ein therapeutischer Versuch (wie Freud das einst formulierte[25]), durch ein Gebot in zwischenmenschlichen Beziehungen zu erreichen, was sonstige Kulturarbeit nicht erreicht hat. Gemein formuliert, ermöglicht Ethik den Menschen mit Idealvorstellungen beim weiteren Befürworten der kapitalistischen Wirtschaft ein gutes Gewissen. Und wenn die ganze Welt zu Grunde geht, ist meine Weste weiß. Auch wenn die tägliche Welt des Geldes zu vielen Menschen grausam ist, habe ich doch auf die ethischen

---

[23] Sandel (2012), S.15.

[24] Sandel, ebenda

[25] Freud (1930). Freud ist übrigens nicht der Meinung, dass Eigentum die Ursache für Aggression zwischen Menschen ist, sondern die Aggression aus der menschlichen Natur käme (ebenda, S.82-84) und mit der Beseitigung des Eigentums nicht verschwinden würde, wie die Kommunisten fälschlich versprochen hätten (vgl. dazu hier im Buch die Kapitel "Ideologische Voraussetzungen" und "Ökonomische Voraussetzungen"). Wirtschaftliche Fragen untersucht er allerdings gar nicht erst, wie er selbst auf S.83 in seiner Abhandlung zugibt. Zur Ethik sagt Freud unter anderem auf S.131: „Das Kultur-Über-Ich hat seine Ideale ausgebildet und erhebt seine Forderungen. Unter den letzteren werden die, welche die Beziehungen der Menschen zueinander betreffen, als Ethik zusammen gefasst. Zu allen Zeiten wurde auf diese Ethik der größte Wert gelegt, als ob man gerade von ihr besonders wichtige Leistungen erwartete. Und wirklich wendet sich die Ethik jenem Punkt zu, der als die wundeste Stelle jeder Kultur leicht kenntlich ist. Die Ethik ist also als ein therapeutischer Versuch aufzufassen, als Bemühung durch ein Gebot des Über-Ichs zu erreichen, was bisher durch sonstige Kulturarbeit nicht zu erreichen war."

Probleme hingewiesen. Eine gesellschaftliche Änderung strebe ich nicht an, weil das Problem in der mangelnden Ethik des Einzelnen liegt. Deswegen treffe ich nur ethische, so fair wie möglich abgewogene Entscheidungen, garantiert ohne Kinderarbeit und Pestizide.

Sandel führt in seinem Buch unzählige Beispiele dafür an, was eigentlich alles nicht sein dürfte. Als Papst Benedikt XVI. in New York und Washington Messen in irgendwelchen Stadien gelesen hat, gab es weniger Karten als Interessierte. Im Schwarzhandel kosteten die Karten um die 200 $. Sandels Kritik:

„Auch wenn es möglich sein mag, an einer Papstmesse teilzunehmen, nachdem man im Schwarzhandel eine Karte erstanden hat, widerspricht der Verkauf von Eintrittskarten dem Geist des Sakraments. Es zeugt von Mangel an Respekt, wenn man religiöse Riten oder Naturwunder wie vermarktbare Waren behandelt. Verwandelt man geheiligte Güter in Instrumente zur Gewinnerzielung, bewertet man sie auf eine falsche Weise."[26]

Besser gesagt: nicht auf Sandels Weise. Und es zeugt von Mangel an Realitätssinn, wenn man vermarktbare Waren, wie eine Eintrittskarte, nicht als Ware sieht. Was nämlich zur Ware wird, entscheiden die sich gegenüberstehenden Käufer und Verkäufer. Betrachtet der Käufer der Papstkarte dessen Messe als Unterhaltungsspektakel, sind 200 Dollar für ihn der angemessene Preis. Sandel unterstellt dem Sakrament nun, ein geheiligtes Gut zu sein, welchem Gewinnerzielung widerspricht. Damit verlangt er nichts weniger, als das alle so denken sollen wie er. Das ist die einzige Grundlage für seine Kategorie „falsche Bewertung". Beweis ist allein das Beispiel selbst.

Warum darf man bestimmte Dinge nicht vermarkten? Na, weil man zum Beispiel beim Papst was verkauft, was man nicht verkaufen dürfte. Mit solchen Beispielen beeindruckt man aber nur Leute, die schon von Anfang an die Meinung über die Heiligkeit des Papstsakramentes geteilt haben. Als Argument erinnert das eher an die Antwort auf die Frage: Was ist Freundschaft? - Na, wenn zum Beispiel Sokrates und ich befreundet sind. - Leider ist Voraussetzung für eine solche beispielhafte Antwort der Begriff, nach dem man gerade gefragt hatte - ein Zirkelschluss.

Sandels Argumente gegen die Kommerzialisierung aller Lebensbereiche hat aber noch eine logische Schwäche. Es leuchtet nicht ein, dass dieselben Markttechniken, welche im Krankenhaus oder in der Schule so viel Unheil anrichten, bei der Produktion von anderen Gütern effizient und gemeinnützig sein sollen. Der Gebrauchswert einer Käsepizza, schmackhaft und einigermaßen gesund zu sättigen, fällt genauso mit dem Produktionsziel Geldvermehrung auseinander, wie im Krankenhaus die Pflegerechnung mit dem Interesse nach menschlicher Betreuung von

---

[26] Sandel (2012), S.50.

Kranken. Dem Supermarkt reicht es zum Verkauf nämlich Geschmack und Gesundheit vorzugaukeln (Formfleisch, Analogkäse). Sie sind ihm egal, solange er verkauft. Das widerspricht dem Verbrauchsziel. Es gibt in Wirklichkeit überhaupt keinen Lebensbereich, wo Markt und Gebrauch sich langfristig ohne Schädigung des Verbrauchers vertragen, egal ob Papst oder Pizza.

Durchaus richtig ist übrigens Sandels Einwand gegen das Geld an manchen Stellen, weil es uns dazu verleitet „das Richtige aus den falschen Gründen zu tun."[27]

Raucher, die für Geldzahlungen mit dem Rauchen aufgehört haben, würden zu 90% wieder damit anfangen, sobald der finanzielle Anreiz wegfällt. Na klar! Aber das ist auch beim Bäcker so, der für seine Brötchen kein Geld mehr bekommt. Er wird mir dann seine Brötchen nicht mehr zur Verfügung stellen. Er backt im Kapitalismus richtige Brötchen also aus den falschen Gründen, nur dass das Sandel nicht stört. Logische Inkonsequenz!

5 Wirtschaftswissenschaft

Die traurige und lustige Wahrheit ist, dass das obere 1% der Weltbevölkerung, welches den finanziellen Gewinn der Weltwirtschaft abschöpft, nicht weiß, wozu es dies tut. Die Spitzen von Politik und Wirtschaft wissen auch nicht, wie ihre Wirtschaft funktioniert, was eigentlich passiert. Sie legen einfach die Spielregeln fest, die alle einhalten sollen, weil sie der Meinung sind, diese Regeln würden ihnen nützen. Das kann zum Teil zutreffen. Genau wissen sie das aber nicht. Das Reicherwerden hat kein Ziel, außer einer quantitativen Vermehrung des universellen Tauschmittels Geld. Das bedeutet die Vermehrung von abstraktem Reichtum wegen der Vermehrung.

Jemand mit wenig Geld gibt dieses für seine Bedürfnisse aus, stößt also schnell an die Schranken seiner Konsummöglichkeiten. Der lohnabhängige Konsument träumt vom Weiterschieben seiner Konsumschranke nach oben oder gleich von deren Aufhebung, ohne freilich zu wissen, was danach eigentlich kommen soll. Der abstrakt Reiche, der die Schranke durchbrochen hat, kann ab einem bestimmten Punkt keine höhere menschliche Zufriedenheit mehr erreichen. Es spielt für den Konsum keine Rolle, ob ein Mensch 58 Millionen, 580 Millionen oder 5,8 Milliarden $ hat. Wie ein Süchtiger gerät der Geldsammler in Panik, sein Geld könnte weniger werden und deswegen will er mehr. Die Bedingungen für dieses Verdienen müssen mit Macht hergestellt werden. Er drängt zu Machtpositionen und kriegerischen Auseinandersetzungen, um seine krankhafte Vermehrungssucht zu befriedigen. Der Fetisch des Geldes, dem er

---

[27] Sandel (2012), S.76.

erlegen ist, spiegelt dem Reichen ständig vor, was er alles für seinen noch abstrakten Reichtum haben könnte, ohne dass er es konkret haben kann. Ein Mensch ist zu einer Zeit an einen Ort gebunden. Diese Raumzeit für sein Geldausgeben ist begrenzt. Unbegrenzt, unendlich sind nur die Möglichkeiten des Geldanhäufens.

Andererseits hat Geld keinen ewigen Besitzer. Jeder verwaltet es nur treuhänderisch, bis es an den nächsten weitergeht. Das erklärt die Paranoia des zeitweiligen Verwalters, seine Zugriffsmöglichkeiten zu verlieren. Da Geld außer seiner Quantität keine Eigenschaften hat, kann der Fetischist es immer nur zählen, in Zahlen reden und zahlenmäßige Verhältnisse zwischen Dingen und Menschen betrachten.

Wenn richtig ist, dass Geld Kredit ist, Glaube, dann schließt dieser Glaube an die Tausch- und Zahlungsmöglichkeiten aber auch den Zweifel über seine Gültigkeit ein. Ob ein Geld Tauschwert ist, stellt sich im Zweifel eben erst beim Tausch heraus. Wie bei einer Religion muss man glauben, was man nicht wissen kann. Um seine Zweifel und Ängste in Bezug auf das fortgesetzte Gelten von Geld zu beruhigen, hat der Bürger der Geldwirtschaft bis heute eine Religionswissenschaft zur Hand, die man euphemistisch Volkswirtschaftslehre nennt oder, etwas erweitert, Wirtschaftswissenschaft. Damit soll auch den Geschädigten und Verlierern der Wirtschaft mit Geld und Kredit erklärt werden, warum es angeblich nicht anders geht. Diese Lehren schieben mehr oder weniger peinliche Erklärungen für die naturwüchsige Entwicklung des Geldes nach und interpretieren im Nachhinein das Finanzgeschehen immer in der gleichen Weise: Ihr Gott, das Geld, ist vollkommen. Der Mensch ist unvollkommen und kann die perfekten Möglichkeiten nur mangelhaft umsetzen, weshalb es ständig zu Problemen und Krisen kommt. Über die Zukunft kann man nur spekulieren, denn sie liegt in Gottes also des Geldes Hand, wobei immer irgendeine Rückkehr zu irgendeinem Prinzip gepredigt wird. Man muss mehr Glauben an die Kraft des Geldes wagen und es so oder so einsetzen.

Kommt es dann völlig überraschend wieder mal ganz anders, ist nie die Schlussfolgerung, dass man die Mechanismen von Geld nicht kontrollieren kann und es deswegen zum menschlichen Wirtschaften ungeeignet ist. Man empfiehlt im Gegenteil neue Mechanismen. Ein folgenreicher Fehler.

Will man das Geld abschaffen, ist zunächst zu diskutieren, was man aus welchem Grund nicht mehr will. Daran wird deutlich, welche Voraussetzungen menschliches Handeln ermöglichen, welches Verteilung und Produktion ab dann neu regelt, und auf welche Weise Menschen gesellschaftlichen Nutzen bestimmen.

Wieso ist Geld nicht geeignet, für Menschen Produktion und Verbrauch zu regeln, obwohl seine Verteidiger eine ungeheure Breitenwirkung mit ihrer Überzeugung erreicht haben? Wir müssen daher auch von dieser Überzeugung, also von hinten anfangen.

Genial Spartakus im ersten Jahrhundert vor unserer Zeitrechnung, der sich in der Auseinandersetzung mit dem römischen Imperium mit seinen gemeinsam arbeitenden und kämpfenden Männern und Frauen darauf einigte, den privaten Besitz von Gold und Silber innerhalb des Lagers zu verbieten[28]. Er verstand (und mit ihm wohl auch alle anderen), wo Habgier und Zwietracht herkommen. Ein Konzept, in der historischen Praxis sonst bisher unerreicht, welches 3 Jahre lang für etwa 100.000 Leute mitten in der römischen Geldgesellschaft funktionierte und welches nur beendet wurde durch die bluttriefende physische Vernichtung der Gemeinschaft von Exsklaven und armen Freien durch die Rache ihrer ehemaligen Ausbeuter. Die Kreuzigung von Tausenden der Kämpfer an der Via Appia nach Rom widersprach den Werten der römischen Schöngeister nicht. Aus irgendeinem Grund haben sie dieses Geschehen aber nicht auf ihre Fresken gemalt, für die sie die heutigen Schöngeister so bewundern.

Genial die Utopier bei Thomas Morus im 16. Jahrhundert, die ihre Stadt wie selbstverständlich ohne Bezahlen organisiert haben:

„Dort werden in bestimmte Gebäude die Erzeugnisse aller Familien gebracht und die einzelnen Warengattungen werden gesondert auf die Speicher verteilt. Aus diesen wieder fordert jeder Familienälteste an, was er selbst und die Seinigen brauchen, und er erhält ohne Bezahlung, überhaupt ohne jegliche Gegenleistung, alles, was er verlangt. Warum nämlich sollte man ihm etwas verweigern, da doch alles im Überfluss vorhanden ist und keinerlei Befürchtung besteht, es könne einer mehr fordern, als er braucht? Denn wie sollte man annehmen, es könne einer Überflüssiges verlangen, der die Gewissheit hat, dass ihm niemals etwas fehlen wird? Begierig und räuberisch macht ja alle Lebewesen nur die Furcht vor Entbehrung oder aber den Menschen allein noch der Hochmut, der es für rühmlich hält, andere durch das Prunken mit überflüssigen Dingen zu übertrumpfen. Diese Untugend hat bei den Einrichtungen der Utopier überhaupt keinen Platz.“[29]

Diese Passage bei Morus löst natürlich bei jedem Marktökonomen einen inneren Monolog der Gegenargumente aus, da hier keines seiner Dogmen respektiert wird. Jeder wird zu viel für sich fordern. Ohne Bezahlung wäre alles alle. Begierig und räuberisch sind die Menschen von Natur aus. Eine Stadt kann nicht ohne Prunksucht existieren. Danken wir Morus für das rechtzeitige Herausarbeiten der Stichwörter, an denen wir im Folgenden die Ökonomie der Marktwirte als unnütz, schädlich und nicht begründet zur Abschaffung vorschlagen werden.

Genial Winstanley, der im 17. Jahrhundert genau die Ursache des Elends identifiziert hat:

---

[28] Vgl. Günther (1984), S. 37
[29] Morus (1960), S.60

„Und um all euren Bedenken und Einwänden gleich zuvorzukommen, sollt ihr wissen, daß wir weder das Kaufen noch das Verkaufen gutheißen können. Sobald nämlich unser Werk einer irdischen Gütergemeinschaft erst einmal in Gang gesetzt sein wird, darf das Geld nicht länger der große Gott sein, der einigen einen Zaun baut und die anderen davorstehen läßt, denn das Geld ist ja auch bloß ein Teil von der Erde. Jedenfalls hat der gerechte Schöpfer, der König ist, zu keiner Zeit etwa bestimmt, daß jemand Speise und Kleidung nur dann empfangen solle, wenn er eigenhändig ein gewisses Metall (Gold und Silber) zu seinesgleichen brächte. Nein, es war vielmehr der Plan des tyrannischen Fleisches, das in den Grundherren fortlebt, dem Gelde sein Bildnis aufzuprägen. Und der Zweck dieses ungerechten Gesetzes ist, daß niemand kaufen oder verkaufen, essen, sich kleiden oder sorgenfrei unter Menschen leben solle, der nicht mit eigener Hand das auf Gold und Silber aufgedruckte Bildnis des Tyrannen anbringt.“[30] Kaufen und Verkaufen müssen aufhören, damit diejenigen den Zaun einreißen können, der sie ausschließt vom sorgenfreien Leben. Der hinterlistige Plan der Herren, dass nur, wer Gold und Silber anbringt, essen und sich kleiden kann, muss als wider die Natur und Gott entlarvt werden. Die irdische Gütergemeinschaft steht immer noch auf der Tagesordnung. Bevor sie in Gang gesetzt werden kann, müssen wir verstehen, was ihr im Weg steht.

6 Wenn sie mal nicht im Nachhinein Krisen erklären ...

6.1 Die klassischen Dogmen der Wirtschaftswissenschaft: Markt und Wettbewerb - Gablers Wirtschaftslexikon

Wie in jedem Feld der bürgerlichen Gesellschaftswissenschaft regiert in der Volkswirtschaftslehre bei aller Pluralität der Mainstream. Wenige Blicke in die einschlägigen Lexika können hinreichend Repräsentatives deutlich machen. Als Leistungen des Geldes gelten die „verbrauchergerechte“ Bereitstellung und Verteilung von Waren für „Egoisten“. In Gablers „Wirtschaftslexikon“ von 2010 finden wir folgende typische Verteidigungsmythen des Alltagskapitalismus, als ob es erschöpfende Erklärungen wären[31]:
„Wettbewerb
I Allgemein: 1.Allgemein:
Unter Wettbewerb ist das Streben von zwei oder mehr Personen bzw. Gruppen nach einem Ziel zu verstehen, wobei der höhere

---

[30] Winstanley (1983), S.42.
[31] Gabler (2010), S. 3399 ff.

Zielerreichungsgrad des einen i.d.R. einen geringeren Zielerreichungsgrad des (der) anderen bedingt (z.B. sportlicher, kultureller oder wirtschaftlicher Wettkampf).
2. Wirtschaftlich:
Überträgt man diese sehr allgemein gefasste Wettbewerbsvorstellung auf das Wirtschaftsleben, so ist Wettbewerb begrifflich durch folgende Merkmale charakterisiert:
1. (1) Existenz von Märkten mit (2) mindestens zwei Anbietern oder Nachfragern, (3) die sich antagonistisch (im Gegensatz zu kooperativ) verhalten, d.h. durch den Einsatz eines oder mehrerer Aktionsparameter ihren Zielerreichungsgrad zulasten anderer Wirtschaftssubjekte verbessern wollen; ..."

Das Lexikon gibt sich semantisch, ja philosophisch interessiert. Da streben also mehrere nach demselben Ziel und, hoppla, der höhere Zielerreichungsgrad des einen bedingt den niedrigeren Zielerreichungsgrad des anderen, der dann ruhig schon mal verhungern kann, weil auf den Märkten eben Anbieter und Nachfrager nicht kooperativ, sondern antagonistisch mit Aktionsparametern gegen die anderen kämpfen. Das klingt so, als ob einer zulasten eines anderen seinen Zielerreichungsgrad verbessert. In Wirklichkeit machen sehr wenige allen anderen ständig ihre Lebensgrundlage streitig oder halten sie in engen Grenzen. Warum der Antagonismus für Menschen sinnvoller sein soll, als kooperativ zu wirtschaften, erklärt die Wirtschaftsethik[32]:
„II Wirtschaftsethik
Der Wettbewerb bringt ein antagonistisches Element in die sozialen Beziehungen. Dies hat den Menschen und den Moralphilosophen seit Jahrhunderten theoretische und ethische Probleme bereitet. Wirtschaftsethik hat deutlich zu machen, dass der Wettbewerb, sofern er unter einer geeigneten Rahmenordnung stattfindet, eine ethische Begründung hat: Er hält alle Akteure zu Kreativität und Disziplin an und garantiert so, dass die Allgemeinheit sehr schnell in den Genuss der relativ besten Problemlösungen gelangt."
Klar, dass die „relativ besten" hier bedeutet, dass die meisten Problemlösungen schlecht sind, aber die bestmöglichen schlechten. Bei der Energiegewinnung haben wir die kreative Wahl zwischen CO_2-Vergasung oder atomarer Verstrahlung. Dafür entwickelt die disziplinierte Autoindustrie seit 30 Jahren das umweltfreundliche Elektroauto sehr ... schnell. Und was wäre der Allgemeinheit angesichts des weltweiten Hungers nützlicher als kreativ genmanipuliertes Saatgut, welches man nur einmal aussäen kann, weil es steril gezüchtet wurde, dafür aber hochanfällig ist für resistente Schädlinge. Dank des Wettbewerbs (auch Konkurrenz genannt) können auch unsere Schlachttiere in den Genuss einer massenhaften

---

[32] Gabler, ebenda ff.

Antibiotikaversorgung kommen, die dafür aus Disziplingründen aber viele Menschen auf der Welt nicht haben sollen. Wie überhaupt die Pharmaindustrie so schlimm unter Problemlösungsdruck steht, dass Medikamente, die heilen, aus ihrer Sicht wettbewerbsschädlich sind gegenüber solchen, die Symptome lindern. Als Folge des Marktes ist also der nichtsterbende Schwerkranke lukrativer als der gesunde Mensch, der keine Medikamente braucht. Ein Gesunder ist quasi so unangenehm wie ein Auto, welches nicht fleißig tanken müsste.

Die ethische Begründung für den, nett Wettbewerb genannten, tödlichen Kampf aller gegen alle ist also die Kreativität und die Disziplin aller Akteure. Die „geeignete Rahmenordnung", von der das Lexikon hier träumt, ist deswegen immer nur ein Entschuldigungsideal, weil durch die Aggressivität des Profitwillens bei den entsprechenden Aussichten jede Rahmenbedingung umgangen oder eingerissen wird, Mord und Totschlag inklusive.

Und weiter, wozu das alles gut ist[33]: „Wettbewerbsfunktionen - Aufgaben bzw. Ziele, die der Wettbewerb erfüllen soll. Die Funktionen bzw. Ziele des Wettbewerbs lassen sich wie folgt systematisieren:

1. Verteilungsfunktion im Sinne einer funktionellen Einkommensverteilung nach der Marktleistung (…);

2. Konsumentensouveränität im Sinne einer Steuerung der Zusammensetzung des Warenangebots gemäß der Käuferpräferenzen (Anpassungsfunktion);

3. Optimale Faktorallokation im Sinne einer Lenkung der Produktionsfaktoren in ihre produktivsten Einsatzmöglichkeiten, wodurch bei gegebener Technik die Gesamtkosten gegebener Produktionsvolumina gesenkt bzw. der Output bei gegebenen Faktoreinsatzmengen gesteigert werden (Allokationsfunktion);

4. Anpassungsflexibilität im Sinne einer laufenden flexiblen Anpassung von Produkten und Produktionskapazitäten an sich ständig ändernde Daten (z.B. Nachfragestruktur oder Produktionstechnik);

5. Förderung des technischen Fortschritts in Form neuer Produkte oder Produktionsmethoden (Fortschritts- und Entwicklungsfunktion);

6. Gewährleistung der wirtschaftlichen Handlungs- und Entschließungsfreiheit (Kontrolle wirtschaftlicher Macht als außerökonomischer bzw. metaökonomischer Wettbewerbsfunktion, Freiheitsfunktion);

7. Eliminierung Leistungsschwacher aus dem Markt im Sinne der Auslese- bzw. Selektionsfunktion (Sozialdarwinismus)."

---

[33] Gabler (2010), S. 3400.

Der technische Fortschritt ist nicht nach Nützlichkeit bestimmbar, sondern entspricht dem Verkaufswillen und den Verkaufsmöglichkeiten des Produktionskommandanten, also des Konzernmanagements. Es wird eben nicht alles mögliche Fortschrittszeug entwickelt, sondern nur Dinge, die eine manipulierbare, zahlungskräftige Nachfrage versprechen. Das können aberwitzige Dinge wie Kernenergie, panierter Hundekot oder virtuelle Tierchen und Menschlein zum virtuellen Schmusen sein, japanische Eieruhren mit Piepsfunktion. Natürlich ist im Prinzip nichts gegen Konsumphantasien zu sagen, bei der Menschen Espresso aus kleinen Kapseln quetschen oder auf einem Plastikbrett elektronische Seiten umblättern. In einer Nachgeldwelt würde sich jedoch sofort die Frage nach dem Aufwand-Nutzen-Verhältnis für alle stellen. Mit Sicherheit würde man vor Veranstaltungen wie dem elektronischen Blättern zunächst für Leute, die existenzielle Not leiden, Abhilfe schaffen oder den globalen Energieaufwand senken oder die globale Energiezufuhr auf eine nachhaltige Basis stellen. Wenn dann aus Wind- und Sonnenenergie Spielzeuge mit geringem Aufwand hergestellt werden können, wird man sie den Freaks zur Verfügung stellen. Bis dahin trinkt man Kaffe einfach so, ohne Kapselquetschen, bei nahezu gleicher Lebensqualität.
Schauen wir genauer auf die angeblichen Leistungen, welche der Allgemeinheit die Zustimmung zur gegenwärtigen Art zu wirtschaften abringen sollen.
Die Leistungen des Geldes:

1. Eine dem Geld nachgesagte Eigenschaft ist es erstens, die Waren zur der Zeit dorthin zu bringen, wo der Verbraucher sie haben möchte. Es erlaubt uns erst den Konsum, denn niemand würde ohne finanziellen Anreiz uns all die schönen Dinge anbieten, wo wir sie eben brauchen.

2. Ein weiteres Geldargument ist, dass ohne Geld die Verteilung nicht zu regeln wäre. Alle nehmen sich zu viel und dann ist alles alle und die Leute schlagen sich wegen der Reste tot.

3. Das dritte wichtige Verteidigungsargument ist, dass Geld eine Lebensform und Kultur ist, welche dem menschlichen Egoismus am besten entspricht, weil es die Möglichkeit schafft, sich (abstrakt) zu bereichern, also unsere Aktivitäten anreizt. Ohne den Wunsch nach Geld würde niemand arbeiten.

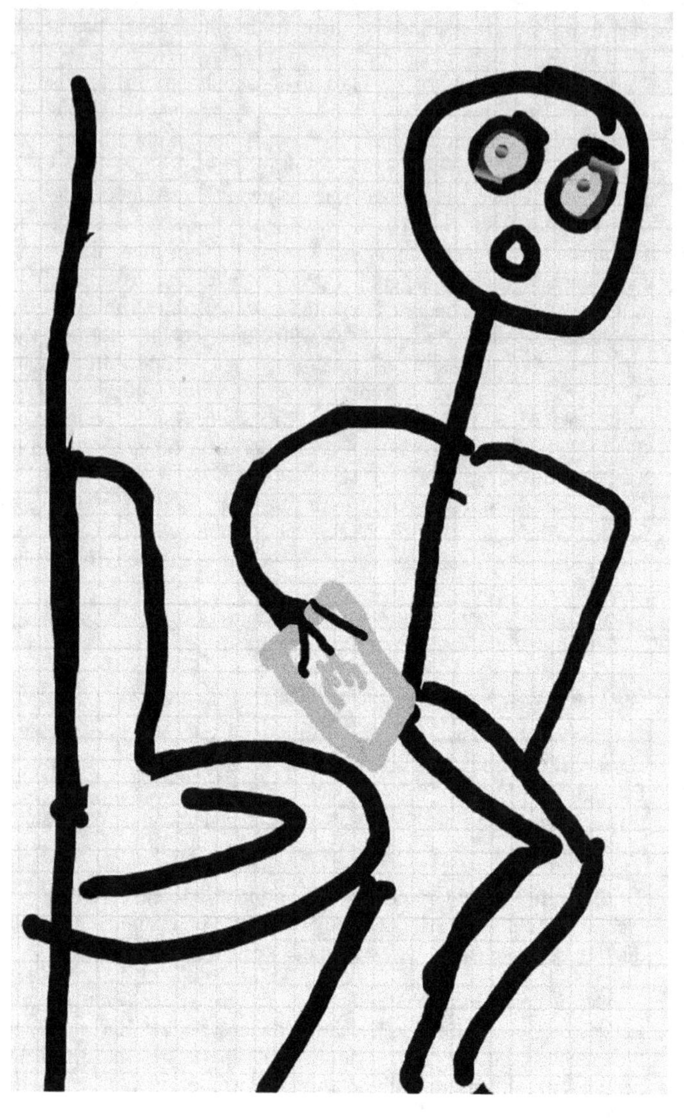

Alle drei Argumente, die so oder so ähnlich fast jeder vorträgt, der mit Ideen zur Abschaffung des Geldes konfrontiert wird, unterstellen, dass für uns Menschen eine andere ökonomische Organisationsform jenseits des Geldes nicht möglich oder jedenfalls nicht sinnvoll ist. Auch Menschen, die über akuten Geldmangel klagen oder sich über gewalttätige Symptome der Geldwirtschaft beschweren, würden eine Abschaffung nie fordern und einer solchen Forderung auch nicht zustimmen. Eine Situation, die vergleichbar ist mit den gewaltigen Sklavenaufständen im Römischen Reich bis zu Spartakus, bei denen die Aufständischen nie eine Abschaffung der Sklaverei forderten, obwohl sie praktisch diese für sich selbst abgeworfen hatten. Der Blick geht über die Selbstbezogenheit nicht hinaus - wütend um sich schlagend, doch gefangen im Jetzt.

Mehr oder weniger „wissenschaftliche" Darstellungen des Problemfeldes oder da heraus gelöster Einzelprobleme erweitern die einfache Lage nur scheinbar, indem sie Details kompliziert zu wichtigen Faktoren aufbauen, um am Ende zur Jedermannserklärung zurückzukommen. Gerade so, als würde sich die bürgerliche Wissenschaft nicht ständig blamieren, weil sie Geldbewegungen und deren Folgen weder vorherbestimmen, noch kontrollieren kann. Das Gegenteil müsste doch bei all dem Sachverstand der Fall sein. In Diskussionsrunden setzt man gelehrte Minen auf, um durch schwierige Detaildiskussion den Blick zu verstellen auf die banale Verteidigungsstrategie des Bestehenden. Alles soll prinzipiell so bleiben, wie es ist, wie wir es kennen. In finanziellen Krisen werden schuldige Personengruppen oder Länder gesucht, als ob die Krisen nicht mit schöner Regelmäßigkeit seit jeher eintreten. Solange, wie Geschäfte gut gehen, interpretiert der finanzielle Sachverstand das als seine eigene ökonomische Leistung - bis zur nächsten Talfahrt.

Die Angst des bürgerlichen Wissenschaftlers vor gesellschaftlicher Veränderung greift ineinander mit seiner Denksozialisation und dem Bedürfnis der Herrschenden nach Ablenkung vom menschlichen Problem hin zur pseudowissenschaftlichen Einzelheit. Ergebnisoffene Analyse gesellschaftlicher Zustände ist unerwünscht. An den Universitäten heißt es beim Thema Diskussion über die heutige Gesellschaft oft, Fußnoten, Zitate, Zeilenabstand und Anspruch der Gesamtanlage entsprechen nicht dem akademischen Niveau, als ob es dies bei Geldfragen überhaupt geben würde. Tatsächlich vermeiden die Akademiker mit ihrer Formalitätsdebatte absichtlich die Sachdebatte. Dafür werden sie bezahlt, und nicht mal immer gut.

Eine Mischung aus schlichten Lügen, Manipulation und Ignoranz! Gesellschaftswissenschaftlicher akademischer Betrieb und in Medien geäußerte Expertenmeinungen unterscheiden sich kaum. Neben den angeblichen Leistungen des Geldes wird sein ausschließender Charakter nie behandelt, dass nämlich Geld Menschen nicht nur unter bestimmten Bedingungen die Möglichkeit gibt, etwas zu kaufen, sondern sie genauso davon ausschließt, etwas zu bekommen. Dass der

Staat mit aller Gewalt eine Eigentumsordnung und Wirtschaftsordnung aufrecht erhält, damit Geld gelten kann, wird als selbstverständlich nicht in Frage gestellt. Das daraus folgende Gewaltpotential, welches Kriege, Kriminalität, Angst und gegenseitigen Verrat locker miteinschließt, schiebt der psychologisch Gebildete und Gelehrte dem „menschlichen Charakter" zu, der ja auch irgendwie das Geld selbst hervorgebracht hätte.

Tun wir so, als wäre die Verteidigungsargumentation für unsere Zahlungsmittel nicht als Tautologie zu durchschauen (Geld ist notwendig und die beste Lösung, weil es da ist und sich so entwickelt hat. Warum ist es da und hat sich so entwickelt? Weil es notwendig und die beste Lösung ist.), als wäre es nicht schon bei oberflächlicher Betrachtung extrem unwahrscheinlich, dass immer nur ausgerechnet die existierende Variante die einzig lebbare ist und nicht eine von unendlich vielen Möglichkeiten Arbeit und Konsum zu organisieren. Machen wir uns die Mühe, auf die gängigsten Argumente einzugehen. Nutzen wir dabei die Gelegenheit, die Funktionen des Geldes herauszustellen, die menschlichen Bedürfnissen entgegenstehen.

Zu 1.) Die „verbrauchergerechte" Bereitstellung der Waren

Jedem dürfte klar sein, dass Geld selbst nichts tut. Weder produziert es, noch transportiert es, erst recht kommuniziert es nicht, was wann wo nötig ist. Es bildet auch keinen Markt, der dann irgendwas bestimmt.

DAS müssen Menschen tun, die solche Aktivitäten offensichtlich nicht aus Vernunfterwägungen betreiben, sondern aus Verdienstinteresse. (Theoretisch vielleicht nicht, aber) Praktisch erliegen sie dabei einem Fetisch. Scheinbar schickt, beauftragt und lenkt sie das Geld. Nicht nur nahezu jede Bedürfnisbefriedigung, sondern jede Art von Bereicherung muss den entscheidenden Umweg über Geld nehmen. Der Mensch akzeptiert diesen und gibt seine Selbstbestimmung damit dauernd aus der Hand. Sein Selbstbewusstsein wird zunächst auf den Rahmen reduziert, den das Verdienen ihm steckt. Ich bin zufrieden, wenn ich genug verdiene. Ich bin unzufrieden, quasi ein Mangelwesen, wenn ich zu wenig verdiene, für welchen Anspruch auch immer.

Eine bittere Einsicht, die dem Selbstverständnis des Schöngeistes in den reicheren Ländern widerspricht, weshalb er sie so lange wie möglich vor sich herschiebt, bis die Notwendigkeit des akuten Mangels ihn finanziell auf den Boden der Tatsachen und in seinen latenten Fetisch zwingt.

Das Problem der Ware beginnt damit, dass sie nicht als Gebrauchsgegenstand hergestellt und zum Verbraucher transportiert wird, sondern als Gegenstand zum Verkauf hergestellt und zu einem Käufer gebracht wird. Das bedeutet, ist deine Nachfrage nicht zahlungskräftig, existiert sie für den geldhörigen Produzenten gar nicht erst. In der kapitalistischen Logik braucht jeder so viel von mir, wie er dafür Geld hat. Wer kein Geld hat, braucht nichts von mir. So werden Menschen mit Waffengewalt Dinge vorenthalten, die sie als Mensch zwar brauchen, aber als Käufer nicht erwerben können. Das kann ein Auto sein oder ein Schluck Wasser. Ökonomisch spielt das keine Rolle. Staatliche Gratisleistungen und karitative Aktivitäten helfen diesen Zustand als Prinzip aufrechtzuerhalten, und sollen ihn auch auf gar keinen Fall beseitigen. Der fortgesetzten Enteignung von Menschen wird beruhigend und ablenkend die soziale Spende an die Seite gestellt.

Halten wir fest, dass Produzenten in Wirklichkeit durch Geld in ihrer Leistungsfähigkeit beschränkt und demotiviert werden. Was könnte man nicht alles erarbeiten, wäre die Richtung nicht schon vorgegeben. Einfache Worte mit gravierenden Folgen, die nicht alle sehen wollen. Denn Tod wegen Hunger und Krankheiten haben nicht einen weltweiten Mangel an Essen, Medikamenten, überhaupt Mangel an irgendwelchen Ressourcen zur Ursache, sondern die Verteilung der nützlichen Dinge erfolgt nach anderen Prioritäten als menschlichen, nämlich finanziellen. Alain Badiou[34] hat in „Das Jahrhundert" einige vergleichende Gedanken angestellt:

„Es gibt heute in Europa ungefähr 500.000 Aids-Kranke. Aufgrund der Tritherapie befindet sich die Mortalität in freiem Fall. Die große Mehrheit dieser 500.000 Personen wird, aufgrund einer intensiven und langandauernden Behandlung, am Leben bleiben. In Afrika gibt es 22 Millionen Aids-Infizierte. Medikamente gibt es praktisch nicht. Die überwältigende Mehrheit - in manchen Ländern jedes dritte oder vierte Kind - wird sterben. Es ist durchaus möglich, alle afrikanischen Kranken mit den nötigen Medikamenten zu versorgen. Es würde genügen, wenn manche Länder, die dazu die industriellen Möglichkeiten haben, sich entschlössen Generika herzustellen und sie den betreffenden Bevölkerungen zur Verfügung zu stellen. Der finanzielle Aufwand wäre gering, jedenfalls weit geringer als der für die ‚humanitären' militärischen Interventionen. (…) Nehmen wir an, man wollte der gesamten Erdbevölkerung einen bezifferbaren Zugang zur Nahrung verschaffen, d.h. 2700 Kalorien täglich, sowie Trinkwasser und medizinische Grundversorgung, dann wäre das ungefähr das, was die Einwohner Europas und der Vereinigten Staaten jährlich für Parfüm ausgeben."

In ihrer marktwirtschaftlichen Beschränkung wollen die kreativen Verantwortungsträger des Kapitals diese einfachen Lösungen nicht annehmen, da sie bei dem eigentlichen Kampfziel, der schwachsinnigen Geldvermehrung, stören würden. Mal mit und oft ohne Bedauern nehmen die Verfechter der westlichen, also menschlichen Werte die 25 000 Hungertoten täglich, die 1,5 Millionen Aids-Toten jährlich, die Millionen Toten wegen behandelbaren und

---

[34] Badiou (2006), S.40-41.

vermeidbaren Krankheiten jährlich[35] in Kauf (im wahrsten Sinne des Wortes), als eine Art Kollateralschaden ihrer Geschäfte. Das Blut klebt also nicht nur an irgendwelchen schlimmen Diamanten oder Landminen, sondern an der kapitalistischen Geldwirtschaft und ihren Verteidigern insgesamt.

In seinem maßlosen Gewinnstreben, das sich zudem in Konkurrenz mit anderen Maßlosen durchsetzen muss, versuchen der einzelne Kapitalisten-Clan bzw. die Kapitaleigner in der Produktion, im Handel und bei Dienstleistungen ihre Kosten ständig zu senken. Das Verbraucherbedürfnis interessiert sie nur insofern, dass ihre Produkte und Leistungen scheinbar darauf passen sollen. Die Qualität wird also das nötige Minimum des Bedürfnisses in einer Art befriedigen, die dem Zahlenden den Eindruck vermittelt, so wollte er es. Das bedeutet ausdrücklich nicht, dass ein Bedürfnis durch Bezahlung immer befriedigt wird. Oft genug ist das eben nicht der Fall, weil es kein allseitiges Ziel war.

Die Vermarktung wird natürlich viel mehr als das versprechen. Verpackung, Benennung, vollmundige Ankündigungen von Lebensglück helfen den Verkaufsvorgang zu realisieren. Beim Verkauf sollte in der Regel keine unmittelbare Schädigung des Käufers eintreten. Das schließt mit ein, dass giftige, umweltschädliche, minderwertige Produktionsmethoden, die der Ware nicht ohne weiteres anzusehen sind, langfristig die Lebensqualität des kaufenden Menschen beeinträchtigen und ihn sogar töten können.

Dioxin, Antibiotika, Giftstoffe in Kleidung und Spielzeug, gepanschte Weine und Säfte, Gammelfleisch, genverändertes Essen, durch Umweltvergiftung und - schädigung sehr eingeschränkte Erholung, atomare Verstrahlung durch gewinnträchtige Stromproduktion etc. sind die unangenehmen, aber nicht vermeidbaren Folgen der Warenproduktion für Geld, wie sie sie übrigens in abgewandelter staatlicher Form auch die realsozialistischen Länder betrieben haben und betreiben. Diese letzteren haben im staatlichen Gesamtinteresse mit Geld „geplant", weil sie ernsthaft der Meinung waren, wenn man die ökonomischen Gesetze nur richtig versteht, kann man die positiven Wirkungen des Geldes für alle nutzbringend gestalten. Klar, dass auch bei den Realsozialisten jede negative Entwicklung einem falschen Verständnis der Geldgesetze angelastet wurde.

Im klassischen Kapitalismus ist der finanzielle Anreiz, ein Medikament herzustellen, welches Malariasymptome lindert, ungeheuer viel größer, als bei einem, was Malaria heilt. Der Kranke, Bedürftige ist dem Geschäft nützlicher als der Gesunde. Um zu verhindern, dass jemand preislich oder qualitativ alternative Angebote macht, schließen sich die großen Anbieter zu marktbeherrschenden

---

[35] Das Internet-Portal Poverty.com hat sehr übersichtlich mit Bezug auf Quellen bei den UN die einzelnen Todesstatistiken zusammengestellt (poverty.com, 2012).

Monopolen zusammen, wonach sich das Märchen von der Konkurrenz als menschlicher Antriebsfeder von selbst erledigt hat (siehe dazu auch in diesem Kapitel „zu 3."). Bei den Dingen, die jeder unbedingt braucht, steigen tendenziell die Preise durch Monopole. Bei den nicht unbedingt nötigen Waren, wo ein Monopol also weniger Druck ausüben könnte, sinken die Preise oft nach Markteinführung. Immer hoch bleiben dafür Werbeaufwand und Ressourcenverbrauch. Von ihrem Aufwand versuchen die Kapitaleigener so viel wie möglich an die Gesellschaft auszulagern. Verschmutzung der Luft und der Meere: für die Aktiengesellschaft kostenlos. Durch kostenlose oder billige Umweltverschmutzung und billigen Menschenverschleiß wälzen sie die sozialen und anderen Folgekosten ihrer hocheffektiven Qualitätsproduktion auf die Schultern der Weltbevölkerung ab, sozialisieren die Kosten ihres privaten Gewinns. Sozialismus? Nur für Reiche.

Zu 2.) Die „Regelung" der Verteilung

Klar ist, dass Geld natürlich nichts verteilt.

Es gibt bestenfalls den Maßstab ab, nach dem etwas erworben werden kann. Durch seine Eigenschaft, abstrakter Tauschwert zu sein, gewährt es Zugriff auf Waren aller Art, aber verweigert diesen eben so gut bei nicht ausreichender Menge. Geld ist kein Mittel des Konsums sondern seine ultimative Schranke.

Es gewährleistet, dass manche sich im Verhältnis zu allen anderen zu viel nehmen und wieder andere nichts bekommen[36]. Und das nicht, weil Geld ein objektiver Maßstab der Verteilung ist, sondern weil eine bewaffnete Macht seine Gültigkeit durchsetzt und garantiert: der Staat mit seiner Polizei und Armee, seinen Gerichten und Medien, mit allen seinen ideologischen Mitteln. Staatsmedien gibt es offiziell wenige. Praktisch bestimmen die 200 Herrschenden eines demokratischen Landes samt ihren Parteien die Besetzung fast aller Chef- und sonstiger Redakteursposten[37]. Diese suggerieren die Selbstverständlichkeit des Absurden und lassen alles andere absurd

---

[36] Die reichsten 0,5 Prozent der Weltbevölkerung besitzen 35,6 Prozent des globalen Vermögens. Mit den 334 Millionen (7,5%) Menschen, die ein Vermögen zwischen 100.000 und einer Million haben, was 43,7 Prozent des globalen Vermögens ausmacht, verfügen die reichsten 8 Prozent über mehr als 79 Prozent des gesamten Vermögens, während die unteren 70% nichts oder fast nichts besitzen. Quelle: Credit Suisse, Press Release vom 8.10.2010 (credit-suisse.com, 2010)

[37] Paul Sethe im Spiegel 5.5.1965: „Pressefreiheit ist die Freiheit von 200 reichen Leuten, ihre Meinung zu verbreiten... Da die Herstellung von Zeitungen und Zeitschriften immer größeres Kapital erfordert, wird der Kreis der Personen, die Presseorgane herausgeben, immer kleiner. Damit wird unsere Abhängigkeit immer größer und immer gefährlicher..." (wikipedia.org/wiki/Pressefreiheit, 2012).

erscheinen. Aufklärung war ein netter Versuch vor ein paar hundert Jahren[38].

Geld gilt! Was bedeutet das für uns? Zunächst einmal, dass kein anderes Mittel, an Gebrauchsgüter zu kommen, statthaft ist. Es bezahlt eben nicht der eine mit Geld, der andere mit Taubenfedern. Nur staatlich garantiertes Geld ist Zahlungsmittel (bei schwachen Staaten auch das Geld anderer Staatsmacht) sonst wäre es einfach bedrucktes Papier. Da diese Form der Zwangsbeschränkung regelmäßig zu Anlässen führt, bei denen der Staat sein Gewaltmonopol durchsetzen muss, ist Geld eine blutige Angelegenheit. Mit Gewalt und im Zweifelsfall mit Todesfolge werden Leute davon abgehalten, sich Dinge anzueignen, die ihnen nicht kraft bedruckter Kreditzettel gehören und die sie nicht finanziell erwerben können oder wollen.

Ohne geregelte Eigentumsverhältnisse wäre Geld sinnlos. Gegenseitiger Erwerb, Tausch, Kauf, Verkauf funktioniert nur bei persönlich und juristisch getrennten Eigentümern, Menschen, die privat, unabhängig voneinander rechnen. Menschliche Solidarität wird absichtlich unterdrückt und durch Spenden in systemrelevante Bahnen gelenkt. Eigentum verpflichtet zu nichts (außer als moralisches Hirngespinst) und die Macht, als Eigentümer über Dinge zu gebieten, muss nicht durch den Nachweis eines legitimen Erwerbs gerechtfertigt werden. Die Gesellschaft ist weit davon entfernt zu untersuchen, ob jemand durch Arbeit oder Diebstahl, durch irgendeine Beziehung oder Betrug an sein Eigentum gekommen ist, wobei der Ursprung des Eigentums immer in der Enteignung einer größeren Gruppe liegt, da niemand allein in der Lage ist, größere Überschüsse über seinen Bedarf zu produzieren. Natürliche Nutzgegenstände, wie Grund und Boden, Wasser, Wälder etc. hat außerdem nie jemand produziert, sondern bestenfalls bearbeitet. Dieses Recht zur Bearbeitung kann also nicht aus Tätigkeit entstehen, sondern nur aus juristischen Institutionen in Verbindung mit Waffengewalt.

Die gewerbsmäßige Kriminalität, also das zynische Ignorieren von Eigentumsverhältnissen zum Reicherwerden, erkennt der Staat verständnisvoll als Teil seines Systems an. Schließlich wissen seine Protagonisten, dass ihre Regeln für die Mehrheit schädlich sind. Und solange einige individuell die Regeln missachten, werden sie einerseits aus Abschreckungsgründen, quasi pädagogisch, bestraft, andererseits führt Hollywood sie der geschädigten Mehrheit als Traumalternative zum Nichtnachmachen vor.

Bei revoltenhaften Erhebungen der Massen liegt die Sache anders. Schnell versteht man die systematische Bedrohung einer Hungerrevolte und schlägt mit voller, scheinbar übertriebener Härte jeden Aufstand nieder. Dabei spielt keine Rolle, ob die Intention der

---

[38] Wie sagt Immanuel Kant so schön: „Beantwortung der Frage: Was ist Aufklärung? (…) Aufklärung ist das Heraustreten des Menschen aus seiner selbstverschuldeten Unmündigkeit." Kant (1784), S.481

revoltierenden Plünderer ein Systemwechsel war oder nur die aktuelle Befriedigung ihrer leiblichen Bedürfnisse.

Geht man von etwa einer Milliarde Menschen aus, die unter Hunger und Nahrungsmittelknappheit leiden, ist es auf den ersten Blick eine Überraschung, dass die Hungerrevolte die Ausnahme, das Verhungern die Regel ist (nach verschiedenen Angaben 8 oder mehr Millionen Menschen im Jahr[39]). Wie kommt es, dass der durch das Geld Ausgeschlossene dennoch das Geld als Maßstab der Verteilung anerkennt?

Man sieht dem Geld die Verhältnisse nicht an, unter denen es seine Geltung entfaltet. Eine persönlich menschliche Verantwortung scheint nicht die Grundlage für Elend zu sein. Das steht im Gegensatz zum Feudalherren, der seinen Bauern zu Abgaben und Fronarbeit zwingt.

Eigentümer von Waren und Nutznießer der Geldwirtschaft scheinen irgendwie durch „Leistung" zu Einkommen und Eigentum gekommen zu sein. Menschen, die sich der herrschenden Moral praktisch und theoretisch unterworfen haben, also den faktischen Zwang auch noch innerlich akzeptieren, weil ein Fakt der Wirklichkeit aus ihrer Sicht seine Berechtigung haben muss - sonst wäre er nicht wirklich - werden so Opfer ihres Unverständnisses.

Der Begriff „Leistung" setzt die Lohnabhängigen dabei unter enormen moralischen Druck. Leistung ist ein ideologischer Kampfbegriff, denn errechnen kann man diese im Unterschied zur physikalischen Leistung nicht. Trotzdem wird so getan, als ob die Mitglieder der Gesellschaft zum Nutzen aller eben eine Leistung erbringen müssten, als gäbe es diesen Nutzen aller überhaupt und nicht nur den Partikularnutzen von Unternehmen. Der Staat setzt eine Infrastruktur ins Werk, um diesen Partikularnutzen der Unternehmen zu garantieren. Will man Krankenhäuser, Busse, Bahnen und Schulen nutzen, erwartet die kapitalistische Ideologie eine Gegenleistung in Form der völligen Unterwerfung unter die Verwertungslogik des Kapitals. Sei für die Geldsäcke nützlich!   Wozu brauchen wir dich sonst?   Die Lohnabhängigen sollen also außer ihrem Existenzwillen alle eigenen Interessen aufgeben, sofern sich diese nicht unter die Leistungsbereitschaft unterordnen lassen. Den Kapitalverwertern und ihrem nichtarbeitenden Anhang gefällt das und schafft Überfluss an Waren und Freizeit.

Weil die Nicht-Kapital-Besitzer nicht verstehen, dass die Funktion des Geldes ihre Ausbeutung und Unterdrückung ist, weil sie aus ihrem rudimentären Verständnis der Machtverhältnisse lieber anständig sterben, als durch Widerstand zu leben, reproduziert ihr Leid immer nur ihre Passivität. Es kann aber einen Zeitpunkt geben, wo günstige Umstände, die Delegitimierung der Herrschenden und ein Wir-können-nicht-mehr-so-weiter-Gefühl etwas Neues möglich machen.

---

[39] www.Poverty.com mit Bezug auf das United Nations World Food Program (WFP) und UNICEF

Denn Geld funktioniert nur in Verbindung mit der bewaffneten Moral - Du darfst nicht stehlen - als blutiges Ausschlusskriterium von Verteilung.

Zu 3.) Der menschliche „Egoismus"

In der Tat reizt Geld unsere Aktivitäten an, Aktivitäten, die in Richtung verdienen gehen.

Andere, nichts einbringende Tätigkeiten gelten als exotisch, pervers oder gleich falsch aufgewandte Lebensenergie. Klar, dass das sogenannte Rumgammeln langfristig keinen besonders guten Ruf genießt.

Jede Gesellschaft hat einen Bedarf an nützlichen Arbeiten: Bau von Häusern, Krankenpflege, landwirtschaftliche Produktion, Infrastruktur, Reinigungsarbeiten etc. Viele dieser Arbeiten lassen sich nur gesellschaftlich bewerkstelligen und es wäre aussichtslos sie auf der Basis privaten Profits zu organisieren. In der Geldwirtschaft gelten Dinge wie die Pflege eines alten Menschen als lästiger Kostenfaktor, da der Aufwand hoch ist und nur wenige im Alter genug finanzielle Mittel zusammen haben, um ihre individuellen Kosten zu tragen. Folgerichtig wird Pflege tendenziell vernachlässigt, besonders wenn sie an private Firmen ausgelagert ist.

Geld reizt nicht zu gesellschaftlich nützlicher Arbeit, sondern zu privat profitabler Wirtschaftstätigkeit, was die menschliche Gemeinschaft kurzfristig und langfristig schädigt. Gut erfahrbar ist diese Schädigung bei Privatisierung von Eisenbahn, Krankenhäusern, kommunaler Versorgung, Wasser und Strom. Wer wird schon Gleis- und Signalanlagen warten, wenn das teuer ist und der Jahresabschluss bevorsteht. Das Risiko von Unfällen erscheint dem Geldverdiener durchaus tragbar. Wozu eine Wasserleitung reinigen, solange noch etwas durchläuft. Bezahlen müssen die Kunden sowieso.

Statt diesen Zusammenhang zu erhellen, stellt der akademische und nichtakademische Sachverstand auf ein von ihm geschaffenes Monster ab: den EGOISMUS. Das ist der Schlüsselbegriff zur Rechtfertigung des Kapitalismus als der unter solchen menschlichen Gegebenheiten besten Wirtschaftsform, welche den Egoismus im Zaum hält und zum nützlichen Ehrgeiz umformt. Der Wunsch des Menschen sich hervorzutun, für sich das Beste zu erreichen, soll ausgerechnet durch die Möglichkeit, sich auf Kosten anderer abstrakt zu bereichern, zu lauter gesellschaftlich sinnvollen Tätigkeiten führen.

Nützliche Arbeiten könnten sonst nicht organisiert werden, weil das ohne Geld keiner machen würde. Eine typische Vorstellung von einer komplett kapitalistisch eingerichteten Welt, aus der man ein Element herauslöst, eben das Geld, um dann festzustellen, dass ohne es alles zusammenbrechen würde. Nur dass man aus dem Turm nicht den unteren Eckstein herauslöst, was ihn zum Einsturz bringen würde, sondern den Turm im Ganzen abträgt, um aus den Steinen etwas Neues zu bauen. Natürlich kann die Warenwirtschaft nicht ohne allgemeine Äquivalente wie Geld funktionieren. Bei weiter bestehender Marktwirtschaft mit Bezifferung eines Tauschwertes das Geld einfach abzuschaffen, wäre in der Tat eine „Geldpfuscherei", wie Marx sich ausdrückte.[40] Die Abschaffung des Geldes ist nur möglich nach Beseitigung des Privateigentums an Produktionsmitteln und bei vergesellschafteter Arbeit, das heißt bei nicht getrennt betriebener Arbeit, die nämlich getrennt wieder Privatarbeit wäre und Tausch notwendig machen würde (siehe dazu hier im Buch Kapitel "Ökonomische Voraussetzungen").

Man fragt sich bei der Egoismustheorie, wie ein Mensch aus einer Eigenschaft bestehen kann. Ist sie genetisch oder historisch bedingt? Ist Egoismus so etwas wie der Trieb zu essen, aufs Klo zu gehen, Sex zu haben? Irgendwie ja und alles zusammen, meint der Menschenkenner. In seinem Bild vom Menschen gibt es keine Kombination von Anlagen, Eigenschaften, Einflüssen, Entscheidungen, sondern alles Treiben folgt dem Haupttrieb: dem egoistischen Selbsterhalt und der egoistischen Selbstverbesserung - logischerweise auf Kosten anderer, die aber ebenso denken.

Alle Menschenbilder entstehen zur Erklärung menschlicher Verhaltensweisen unter bestimmten Umständen. Nicht etwa umgekehrt. Man versucht nicht den Menschen zu ergründen, um dann in der gesellschaftlichen Situation zu verifizieren, ob Menschen sich entsprechend unserem Bild von ihnen verhalten. Nein, das Menschen-Bild folgt der Untersuchung einer historischen, ökonomischen Situation nach. Man kann bei den verschiedenen Menschenbildern, genau wie bei den verschiedenen Gottesbildern, erkennen, wie die aktuelle Anpassungsleistung der Individuen an die konkreten gesellschaftlichen Gegebenheiten statisch zu einem „Wesen des Menschen" verklärt wird.

Wenn jemand auf einem steinigen Weg mit einem Tablett voller Gläser läuft, ständig stolpert und so nach und nach alle Gläser fallen lässt, würde der Menschenbildner sagen: Seht mal, wie ungeschickt der ist. Dann erklärt er die Ungeschicklichkeit zum wesentlichen Charakterzug des armen Stolperers, denn er stolpert nicht nur die ganze Zeit, sondern wirft auch noch alle Gläser herunter. Das entspricht seiner „Natur". Man könnte auch den Weg vom Geröll befreien, aber darum geht es dem Erklärer nicht.

Die Suche nach der Natur des Menschen (um daraus alle Geschehnisse, die mit Menschen zu tun haben, zu erklären) wird mit physikalisch-biologisch-mathematischer Vernunft oder mit Spiritualismus betrieben. Die einen betrachten bei ihrer Suche die

---

[40] Marx erklärt, dass Owen für seine Arbeitszertifikate („Arbeitsgeld"), die den individuellen Anteil des Produzenten an der Gemeinarbeit ausdrücken, eine unmittelbar vergesellschaftete Arbeit voraussetzt. Würde man stattdessen bei bestehender Warenproduktion das Geld abschaffen, würde man nur versuchen, deren notwendige Bedingungen durch Geldpfuscherei zu umgehen.(Marx & Engels (1975-1978), MEW Bd.23, S.110

Materie, die anderen den Geist. Beide Ansätze müssen scheitern, wie Ortega y Gasset erläutert:

„Denn der Mensch hat keine Natur. Der Mensch ist nicht sein Körper, der ein Ding ist; er ist auch nicht seine Seele - Psyche, Bewußtsein oder Geist -, die auch ein Ding ist. Der Mensch ist kein Ding, sondern ein Drama - sein Leben, ein reines, allumfassendes Ereignis, das einem jeden zustößt und bei dem jeder seinerseits nur Ereignis ist. Alle Dinge, seien sie, was sie wollen, sind bloße Interpretationen, die der Mensch dem zu geben sucht, was er vorfindet."[41]

Und das sind Schwierigkeiten und Möglichkeiten im Leben, aber keine fertige Existenz. Will ich nicht aufhören zu existieren, muss ich ständig entscheiden und handeln, immer aufs Neue.

Ein statisches Wesen des Menschen kann bei aller Bewegung der Welt nicht existieren, sondern das Wesen ist eben die Flexibilität mit den tierischen und intellektuellen Kräften auf die jeweiligen Umstände zu reagieren. Der Versuch in der unendlichen Bewegung momentane Fixpunkte festzulegen, die man dann zur Ewigkeit erklärt, scheint zum intellektuellen Wesen der Rechtfertiger von menschenfeindlichen Zuständen zu gehören. Aber:

„Das Leben ist ein Gerundium und nicht ein Partizip, ein *faciendum*, nicht ein *factum*."[42]

Andererseits erklären die Egoismuskenner nicht, wieso dem Fressen und Gefressenwerden der Egoisten überhaupt Einhalt geboten werden soll, wenn das so natürlich ist. Wichtig ist, dass das Geld dies tut - Einhalt gebieten, was nun als positive Leistung verkauft wird. Nicht wenige halten sich insgeheim natürlich für etwas Besseres als einen Egoisten, müssen aber egoistisch handeln, weil die anderen so sind. Jedenfalls stellen sie die Behauptung auf, die Menschen hätten früher oder später die Nase voll gehabt von dem ständigen Mord und Totschlag, weil sie so zu nichts kommen würden. Keine Aufbauleistung wäre unter diesen Umständen möglich. Dass dieses Argument genau den Egoismus als Grundeigenschaft des Menschen widerlegt und stattdessen einen Harmonie- und Aufbautrieb unterstellt, fällt ihnen weder auf, noch irritiert es die Verkünder des Egoismus, obwohl sie z.B. eine Aufhebung des Egoismus durch Solidarität und Mitgefühl leugnen. Der Sieger bleibt immer ihre Lieblingseigenschaft. Nun „schaffen" sich „die Menschen" einen Staat, der mit seinen Institutionen, u.a. dem Geld, ein einigermaßen friedliches Zusammenleben der sich belauernden Wolfsmenschen ermöglicht.

Obwohl hier offensichtlich eine mythologische Erklärung für den Jetzt-Zustand nachgeschoben wird, die mit menschlicher Geschichte von der Urgesellschaft bis zum Kapitalismus nichts zu tun hat, stören

---

[41] Ortega y Gasset (1956), S.389-411.

[42] Ortega y Gasset, ebenda. Faciendum ist im Lateinischen das zu Tuende, während factum das Getane ist.

sich die sonst wissenschaftsliebenden Bürger nicht daran und unterlassen jede weitere Untersuchung, warum ein Mensch des Menschen Wolf sein kann.

Maximal werden Vergleiche aus der Tierwelt angeführt, welche anthropomorph sind, also meine aktuelle Lebenssituation in jedes Stückchen Weltgeschichte spiegeln.

Dass die Menschen sich als eine der am meisten verbreiteten und anderen Lebewesen überlegenen Tierarten entwickeln konnten, liegt gerade daran, dass sie gemeinsam jagen und kämpfen können, dass sie integrativ mit anderen leben und arbeiten können, dass sie solidarisch miteinander umgehen können und so Situationen der Schwäche wechselseitig ausgleichen. Sie müssen das nicht, aber sie tun es oft genug.

Man braucht keine akademische Studie anzuschieben, um festzustellen, dass Menschen ein Bedürfnis nach emotionaler Nähe, Harmonie und Solidarität mit anderen haben, und dass Aggressivität ein situationsbedingter Abwehrmechanismus ist, der sich in der Zivilisation von seinem Anlass unabhängig gemacht hat. Er trifft wegen der sozialen Anpassung nicht den Bedrohenden, sondern Stellvertreterfiguren im Supermarkt oder im Straßenverkehr. Die Kompensationsaggression vollzieht sich an unbeteiligten Menschen oder Gegenständen.

Die Angst vor Schädigung und Hilflosigkeit führt Menschen in der Warengesellschaft dazu, Reichtumsvorräte anzuhäufen und andere zur vorbeugenden Verteidigung anzugreifen. Das hat eine logische Berechtigung und realisiert menschliche Möglichkeiten. Das unerschöpfliche Reservoir an solchen Möglichkeiten wird unter anderen Umständen auch anders realisiert werden.

Der Mythos vom egoistischen, faulen Menschen erklärt sich aus dem Bedürfnis, für menschenfeindliche Handlungen auf eine menschenfeindliche Natur des Menschen selbst zurückgreifen zu können. So muss man sich nicht mit der Organisation der Gesellschaft befassen und überlässt sie den Organisatoren, die komischerweise diesbezüglich gar nicht faul sind.

Umgekehrt passt auch nicht so richtig zur Theorie vom Egoismus, dass die meisten Menschen sich mit ihrer Schädigung und Armut zufrieden geben, wo doch deutlich zu sehen ist, wie einige Wenige wirtschaftlich viel besser leben als der Rest. Ein Egoist würde doch sofort probieren mehr für sich herauszuholen. Wenn sein egoistischer Selbsterhaltungstrieb so leicht von Angst, Anpassung, Harmoniesucht überlagert werden kann, muss er doch sehr kümmerlich ausgeprägt sein. Egoismus kann so jedenfalls nicht bestimmende Grundlage für menschliches Handeln sein.

6.2 Exkurs zu dem Sonderfall Mittelklasse in den kapitalistischen Hauptländern

Der Exkurs ist notwendig und dringend. Es gibt eine zahlenmäßig im Verhältnis zur Weltbevölkerung relativ kleine Gruppe von Menschen, die sich aber aus verschiedenen Gründen für repräsentativ hält und demzufolge auch ihre Ängste, Ziele und Gedanken für welterfassend und weltumspannend hält. Es ist dies die teilweise intellektuell verfasste Mittelklasse der kapitalistischen Hauptländer und ihre Ableger im Rest der Welt.

Die Argumente zum Erhalt der gegenwärtigen Ordnung und die Fragen und Zweifel in Bezug auf Veränderungen und die Angst, man könnte später schlechter dastehen als vorher, wachsen im Wesentlichen auf ihrem intellektuellen Boden. Ihre Entäußerung, ihre Formulierung sind ein Ausfluss der akademischen Teilschicht, die sich von Kindesbeinen an mit den kulturellen Ängsten ihrer Eltern und Großeltern befassen muss. Ihre Gegenwartsverteidigung, derart, dass man alles kritisch zweifelnd betrachtet, praktisch aber alles akzeptiert, geben sie wiederum sehr effektiv an ihre Kinder weiter, so dass an entsprechenden Schulen, in entsprechenden Stadtlagen 95% der 14-18-jährigen Argumente zur Abschaffung des Kapitalismus einheitlich widerlegen können, obwohl sie diese Effektivität in keinem sonstigen schulischen Gegenstand erreichen. Oft genug wissen Schüler, die nicht richtig lesen, schreiben und rechnen können, ganz genau, wie der „menschliche Egoismus" nur durch das Geld gezügelt werden kann.

Diese Klasse sieht sich im Kino und Fernsehen, wo Figuren mit ihren Sonnenbrillen in ihren Autos fahren und in ihren T-Shirts ihre Witze reißen. Damit wird ihnen bestätigt, dass ihre Welt DIE Welt ist. Andere Lebensweisen nehmen sie als bedauernswerte, verdammenswerte oder beneidenswerte Randerscheinungen wahr.

Jemand, der in Mexico-City oder Neu-Delhi ums Überleben kämpft, wird das Argument, ohne die kapitalistische Ordnung würde brutales Chaos ausbrechen, nicht wirklich verstehen, angesichts seines täglichen brutalen Chaos.

Ein Afrikaner, der nicht weiß, ob er die nächsten Tage genug Wasser für seine Kinder haben wird, wird die Frage, wie man ohne Geld an all die nützlichen Dinge kommen soll, eher belustigt aufnehmen.

Die Leute, die für 1 oder 2 Euro am Tag arbeiten, werden die Vorstellung, Geld bringe die Waren zum Konsumenten, nicht verstehen. Die Arbeitslosen dieser Welt, die zu viel zum Sterben und zu wenig zum Leben haben, hätten eine wahrscheinlich recht hässliche Antwort auf die These, dass ohne Geld ja keiner arbeiten würde.

Unsere Mittelklasse blendet den Rest der Welt gerne aus (Soll ich etwa jede Woche nach Afrika fahren?), um ihn vielleicht in ihr Spendenengagement zu inkludieren (Ich helfe einem Patenkind und kaufe nur fair gehandelten Kaffee.) Jedes polit-ökonomische Gespräch gerät bei ihnen zu einer Entschuldigungs- oder Beschuldigungsdiskussion. Einerseits fühlen sie sich als Beschuldigte an den Übeln dieser Welt angesprochen, obwohl sie das unmittelbar nicht sind. Andererseits beschuldigen sie ständig Ärmere durch bestimmte Eigenschaften selbst schuld zu sein: Faulheit, Dummheit, Böswilligkeit, Korruption und Kriegslust - alles, was man so von zu Hause kennt.

Die Mittelklasse entschuldigt also die Verantwortlichen der Weltpolitik, ohne darum gebeten worden zu sein, weil sie sich in beide soziale Situationen projiziert. Angst vor dem Abstieg lässt sie vor den Ärmeren erschauern. Neid und Sehnsucht nach größerem abstraktem Reichtum lässt sie gedanklich die Position der Oberklasse einnehmen. Wäre die Oberklasse nicht durch Leistung aufgestiegen, würde die Mittelklasse ihre eigenen Anstrengungen der Ziele und des Sinns berauben. Dasselbe gilt spiegelverkehrt für die Betrachtung der Situation von Armen. Wären die nicht irgendwie schuld an ihrer Armut, könnte das ja am Ende jeden treffen, auch mich.

Nach oben buckeln, nach unten treten - die Meisterleistung unserer nicht ernst zu nehmenden „gesellschaftlichen Mitte". Sie wird sich in ihrem Opportunismus auf jede Politneuheit einstellen, auch wenn ihr selbst das heute unheimlich vorkommt.

Auf wen das alles nicht zutrifft, der braucht sich nicht angesprochen zu fühlen und kann diesen Exkurs einfach zur Information aufnehmen.

6.3 Kulturelle Leistungen des Geldes - Christina von Braun

„Gemeinsam die Hostie zu nehmen, konstituiert die Glaubensgemeinschaft. Ähnlich das Geld: Auch die Münze kann nur zirkulieren, wenn die Gemeinschaft an sie glaubt, sie stiftet Gemeinschaft."[43], schreibt Christina von Braun, Professorin für „Kulturtheorie" an der Berliner Humboldt-Universität in ihrem Buch „Der Preis des Geldes".

Geld kann aber nur eine Gemeinschaft stiften, wo vorher keine oder eine andere Gemeinschaft war. Dazu zitiert die Autorin ausführlich Karl Marx, den sie folgendermaßen einleitet:

„Er sah zwar im Geld den Motor einer sozialen Zerstörung, zugleich aber auch das wichtigste Band des Gemeinwesens (…)"[44]

Ja, das Geld ist das wichtigste Band des Gemeinwesens und es stiftet eine Gemeinschaft. Ist das im menschlichen Sinne eine kulturelle Leistung? Nach dem Muster könnte ich auch über Handschellen sagen: Sie schränken zwar meine Bewegungsfreiheit ein. Aber sie

---

[43] von Braun (2012), S.163f.
[44] Von Braun (2012), S.165f.

halten auch meine Arme zusammen. Oder: Im Gefängnis habe ich
viele neue Leute kennen gelernt usw.

Marx, den von Braun zitiert, beschreibt in der Besprechung zweier
Textstellen von Goethe und Shakespeare Geld als das Band aller
Bande, weil es Mensch, Gesellschaft und Natur verbindet:

„Kann es nicht alle Bande lösen und verbinden? "[45]

Nur will Marx der „allgemeinen Hure", dem „allgemeinen Kuppler
der Menschen und Völker" damit kein Kompliment machen, selbst
wenn es „die Verbrüderung der Unmöglichkeiten" ist, wie er an selber
Stelle sagt:

„Die Verkehrung und Verwechslung aller menschlichen und
natürlichen Qualitäten, die Verbrüderung der Unmöglichkeiten - die
göttliche Kraft - des Geldes liegt in seinem Wesen als dem
entfremdeten, entäußernden und sich veräußernden Gattungswesen
der Menschen. Es ist das entäußerte Vermögen der Menschheit."[46]

Alles, was Menschen zu Stande bringen können, haben sie ausgelagert
und überlassen die Organisation ihrer Beziehungen einem
interesselosen Wertausdruck, Geld. Anstatt uns um Lebensqualität zu
kümmern, laufen wir einem Mengenausdruck hinterher. An Stelle von
Frau, Mann, Zärtlichkeit tritt Freier, Hure, Kuppler. Hoffentlich ist
eine Kraft, die uns so entfremdet, nicht göttlich. Denn an solcher Art
Gemeinschaftsbildung nehmen Menschen fortgesetzt Schaden, weil
die Gemeinschaft der Gabe und der Reziprozität damit zerstört ist, wie
von Braun richtig feststellt[47], um dann im Spiegel-Interview diese
Entwicklung als kulturellen Fortschritt zu verteidigen:

„Marktwirtschaft und Demokratie sind Kinder der Aufklärung. Sie
betreten zeitgleich die Bühne der Geschichte. Der Kapitalismus stellt
das Individuum, das einzelne Subjekt, mit seinem Profitinteresse in
den Mittelpunkt, die Demokratie den Bürger mit seinem Stimmrecht.
Beide ergänzen einander.", sagt von Braun.[48]

Schauen wir zunächst darüber hinweg, dass im Kapitalismus nur
wenige Individuen Profit machen, dass also von „dem Individuum"
mit „seinem Profitinteresse" im Mittelpunkt nicht die Rede sein kann.
Es sei denn, wir verstehen Interesse an Profit als ein Interesse, wie es
ein Schmetterling am Schachspielen hat. Ich will auch mal die Dame
sein. Wir verstehen aber die Neigung des Bildungsbürgers seine
Lebensperspektive auf alle Menschen zu übertragen.

Ebenso übergehen wir die Umkehrung von Ideologie und Ökonomie,
die tatsächlich annimmt, der aufklärerische Geist hätte wirtschaftliche
Umwälzungen angestoßen und nicht das neu entstandene Bürgertum
die Ideologie und Praxis der, aus ihrer Sicht, irrationalen

---

[45] Von Braun (2012), bezieht sich auf Marx „Geld" in „Ökonomisch-
Philosophische Manuskripte", MEW, Ergänzungsband I, S.563ff.
[46] Karl Marx, MEW, Ergänzungsband I, S.565
[47] Von Braun (2012), S.166f.
[48] Spiegel (2012), Nr. 26, S.128f.

Adelsherrschaft aufklärerisch bekämpfen wollen. Geistesarbeiter glauben an die Kraft von aller Materie losgelöster Ideen.

Die Frage, die man jedoch stellen muss, ist: Wozu braucht bitte der demokratische Bürger mit Stimmrecht als Ergänzung ausgerechnet den Kapitalismus mit Profitinteresse? Auflösung folgt:

„Vergessen wir nicht, dass das Geld für die Abschaffung der Leibeigenschaft sorgte, die Klassenhierarchie des Feudalismus durchbrach und die technische Revolution mit ihrem Erfindergeist anstieß. Heute übersehen wir oft diesen demokratisierenden Effekt des Geldes, der schon in der Antike wirksam war. - Spiegel: Warum ist diese Harmonie zerbrochen? - Braun: Im Laufe des 20. Jahrhunderts löste sich das Geld von seiner materiellen Bindung. Der Goldstandard wurde allmählich aufgegeben … Von diesem Moment an erlebten wir den Aufstieg des Finanzkapitalismus, ein Phänomen ausufernden Geldes, das es im Industriekapitalismus nicht gegeben hatte."

Spiegeltypisch präsentiert Frau von Braun die Mainstreamargumente zum vorbildlichen Geld, das in falsches Fahrwasser geraten ist, nachdem es so gut angefangen hatte. Harmonisch demokratisierte es und durchbrach Standeshierarchien, stieß den Erfindergeist an. Szenetypisch wird das Ding Geld im Mund seiner Apologeten zum Subjekt. Es handelt wohltuend wie ein Gesellschaftsmasseur.

Natürlich hat der Wunsch nach neuen Verdienstmöglichkeiten in Verbindung mit technischen Neuerungen, geographischen Entdeckungen und neuen Gold- und Silberlieferanten die Manufaktur- und später Industrieproduktion ermöglicht, welche auf viele neue Arbeitskräfte angewiesen war. Das Durchbrechen von Leibeigenschaft und feudaler Hierarchie hatte gerade deswegen nicht die Freiheit des Leibeigenen zum Ziel und Mischhochzeiten von Armen und Reichen, sondern der leibeigene Bauer wurde zum lohnabhängigen Fabrikarbeiter. Nur aus einem Universitätsbüro kann das ein idyllischer Vorgang sein. Paul Lafargue schreibt 1848 in „Das Recht auf Faulheit":

„In der kapitalistischen Gesellschaft ist die Arbeit die Ursache des geistigen Verkommens und körperlicher Verunstaltung. (…) Man betrachte den stolzen Wilden, wenn ihn die Missionare des Handels und die Handlungsreisenden in Glaubensartikeln noch nicht durch Christentum, Syphilis und das Dogma der Arbeit korrumpiert haben, und dann vergleiche man mit ihnen unsere abgerackerten Maschinensklaven."[49]

Und im Folgenden stellt er das „glänzende Bild der proletarischen Genüsse im kapitalistischen Fortschrittsjahre 1840"[50] an Hand des

---

[49] Lafargue (2010), S.40f.
[50] Lafargue (2010), S.40

Berichtes von Dr. Villermé über das kapitalistisch demokratisierte, hierarchiedurchbrochene, vom Erfindergeist angestoßene Elsaß dar[51]: „Arbeit von morgens bis abends, wegen teurer Mieten 2 und mehr Stunden Weg zur Fabrik, Wohnen in Elendsquartieren in Nässe, Kälte und auf Stroh, Hunger, Unterernährung, Kinderarbeit, ausgezehrte Körper in Lumpen…"

Das war die Harmonie des Industriekapitalismus, als das Geld noch nicht ausuferte. Erinnert trotzdem an heute, nicht an die Humboldt-Uni, aber an die Näherinnen von „unseren" Bekleidungsketten in Bangladesch oder Kambodscha oder an die Kindersklaven beim Steineklopfen oder bei der Kaffeeernte oder an „unsere" Zulieferindustrie in China. Das ist aber nicht das Problem von Frau von Braun, sondern die Aufhebung der Bindung an den „Goldstandard". War das jetzt auch das Geld als demokratisierendes Subjekt, was sich vom Gold freimachen wollte? Ich vermute, hier gab es wieder eine falsche Entscheidung unfähiger Menschen, die das Geld durcheinander gebracht haben, so dass seine kulturellen Leistungen für die Demokratie nicht mehr zum Tragen kommen.

Frage: Wenn der demokratisierende Effekt des Geldes schon in der Antike wirksam war, wie die Professorin für Kulturtheorie äußert, warum hat das Geld dann die Sklaverei nicht abgeschafft? Antwort: Das Geld hat überhaupt keine Ziele. Es handelt auch nicht, sondern ist ganz banaler Wertausdruck, eine quantitative Größe, die durch ihre Allgemeingültigkeit einen Anreiz darstellt, so viel abstrakten Reichtum wie möglich anzuhäufen. Dabei geht der Reichtumsanhäufer, wenn es nötig ist, über jede moralische und

---

[51] Lafargue (2010), S.41-42: „Eine große Zahl … fünftausend von siebzehntausend, waren in Folge der teuren Mieten gezwungen, in den Nachbardörfern Wohnung zu nehmen. Einige wohnten 2 ¼ Wegstunden von der Fabrik entfernt, wo sie arbeiteten. In Mühlhausen, in Dornach begann die Arbeit um fünf Uhr morgens und endete um acht Uhr abends, Sommer wie Winter … Man muss sie jeden Morgen in die Stadt kommen und jeden Abend abmarschieren sehen. Es gibt unter ihnen eine Menge bleicher, magerer Frauen, die barfüßig durch den Schmutz laufen und, wenn es regnet oder schneit, mangels eines Regenschirms ihre Schürzen oder Unterröcke über den Kopf ziehen, um Hals und Gesicht zu schützen; und eine noch erheblichere Zahl nicht minder schmutziger und abgezehrter junger Kinder, in Lumpen gehüllt, die ganz fettig sind von dem Öl, das aus den Maschinen auf sie herabtropft, wenn sie arbeiten. Die Kinder (…) haben nicht einmal wie die Frauen einen Korb mit Lebensmitteln für den Tag im Arm, sondern sie tragen in der Hand (…) das Stück Brot, das sie ernähren muss (…). Ich habe in Mühlhausen, in Dornach und in den umliegenden Häusern jene elenden Zimmer gesehen, in denen zwei Familien schliefen, jede in einem Winkel auf Stroh, welches auf dem Fußboden ausgebreitet lag und nur durch zwei Bretter zusammengehalten wurde (…) während in den Familien der Fabrikanten, Kaufleute, Werkdirektoren ungefähr 50 Prozent das 21. Lebensjahr erreichen, derselbe Prozentsatz in den Familien der Weberei- und Spinnereiarbeiter bereits vor vollendetem zweitem Jahre stirbt."

menschliche Schranke. Natürlich muss es sich lohnen. Sklaverei, Faschismus, Königsherrschaft, Demokratie? Bitte gerne, so lange das Kapital zirkuliert. Es kann aber nur zirkulieren, wenn die Leute es akzeptieren, an seine Leistungen glauben, wie der Spiegel und seine Interviewpartner. Daher die Frage, wie diese Glaubwürdigkeit jenseits eines Königs oder Präsidenten der Europäischen Union hergestellt werden kann - eine kulturtheoretische Frage. Frau von Braun:
„ … man muss nach anderen Faktoren suchen, die die Glaubwürdigkeit der Gemeinschaft herstellen. In der Moderne ist die soziale Gerechtigkeit der stärkste Kitt einer demokratischen Gemeinschaft. Das ist die Voraussetzung für Vertrauen und den Glauben an die Gemeinschaft. Damit ist die soziale Gerechtigkeit auch die Basis eines Vertrauens ins Geld und eine halbwegs krisenfeste Ökonomie.“
Man soll Vertrauen ins Geld haben, wie in einen Gott. Der Sinn der sozialen Gerechtigkeit ist also eine Manipulation des eigentlich berechtigten Misstrauens der Menschen in die einseitige Zugewinngemeinschaft der Kapitaleigner. Ihnen soll durch ein Mindestmaß an Sozialleistungen eine Gemeinschaft suggeriert werden, die ökonomisch den Geldverwertern nützt. Gerechtigkeit als psychische Kompensation für die tatsächliche tägliche Schädigung menschlicher Interessen - der Kitt der demokratischen Ausbeutung. Lasset das Geld zu mir kommen in alle meine Lebensbereiche. Oder?
„Kann man ohne Geld leben? “, fragt der emeritierte Professor für Volkswirtschaftslehre der Universität Viadrina in Frankfurt/ Oder Hans-Jürgen Wagener. Ein Blick auf seine Antwort lohnt, nicht wegen einer glänzenden Argumentation, sondern weil die Aussagen von Prof. Wagener repräsentativ für die Verbindung von Volksmeinung und Wissenschaft sind:
„Aber der entscheidende Punkt ist der Paternalismus. Die klassische Hauswirtschaft und der Kommunismus sind hierarchisch strukturiert. Der Patriarch oder Planer sagen, was zu tun ist und wer was bekommt. Alle anderen sind Befehlsempfänger. So fühlt sich das Individuum unterdrückt und die menschlichen Fähigkeiten kommen nicht zur vollen Entfaltung. Die schwache Wohlfahrtsentwicklung in den sozialistischen Planwirtschaften legt ein beredtes Zeugnis davon ab.“[52]
Es ist schon erstaunlich, wie bei all den Kürzungen im Sozialbereich in den westeuropäischen Ländern seit den 80er Jahren die Wohlfahrtsentwicklung in den sozialistischen Planwirtschaften noch irgendein Zeugnis ablegen soll. Legt Hans-Jürgen Wagener hier etwa zweierlei Maß an? Oder was beweist sonst der Rückgang von Reallohn und Sozialleistungen in den kapitalistischen Marktwirtschaften?
Die innere Logik des Arguments ist falsch. Die Frage des Professors war ursprünglich, ob man ohne Geld leben könnte. Immerhin scheint

---

[52] Wagener (2012), S.11-12.

er das für möglich, wenn auch nicht für gut zu halten. Die „sozialistischen Planwirtschaften" haben doch aber mit Geld gewirtschaftet. Die kommunistische Idee, ohne Geld leben zu wollen, am Beispiel der realsozialistischen Geldökonomien zu blamieren, ist zwar typisch, geht aber an der Sache vorbei.

Eine hierarchische Gesellschaft, Patriarchen, die sagen wer was bekommt, Befehlsempfänger etc. und Geld sollen sich ausschließen. Das ist noch so ein Mythos des demokratisierenden Effektes von Geld. Die mittelalterlichen Golfmonarchien, wie Saudi-Arabien, Katar, Kuwait - kurz die besten Verbündeten der westlichen Wertegemeinschaft im Nahen und Mittleren Osten - nutzen zum Aufrechterhalten ihrer Kleptokratie seit eh und je Geld. Aber es wird noch besser mit den positiven kulturellen Effekten von Geld für die freie Gesellschaft. Hans-Jürgen Wagener:

„Eine freie Gesellschaft überlässt es dem Einzelnen zu entscheiden, was er konsumieren und produzieren möchte. Damit entsteht jedoch ein Koordinationsproblem: Wie kann ich den anderen meine Bedürfnisse mitteilen? Woher weiß der Konditor, ob sein Kuchen einen Abnehmer findet? Hier kommt das Geld ins Spiel. Das in Geldeinheiten kodierte Preissystem des Marktes übermittelt die notwendigen Informationen. Anhand der Marktpreise von Gütern und Rohstoffen kann der Konditor entscheiden, ob Herstellung und Verkauf sich lohnen oder ob er besser etwas anderes herstellen sollte. Kenne ich die Preise der Konsumgüter, dann weiß ich, wie viel ich mir von jedem leisten kann. Hierarchien, Anweisungen und Zuteilungen von oben sind überflüssig."[53]

Die Gesellschaft ist so frei, dass sie mir überlässt, was ich produzieren möchte. Produziere, was du willst! Hast du keine Produktionsmittel und kein Kapital, liegt das jedenfalls nicht an fehlender Freiheit. Dann musst du dich eben kümmern. Beim Konsum ist es auch frei und einfach. Du kannst dir aussuchen, was du konsumierst. Nimm einfach dein Geld und kauf dir Kuchen. Wenn dein Konsumwunsch am fehlenden Geld scheitert, hattest du trotzdem die Freiheit alles zu kaufen.

Das einzige Problem besteht in der Koordination. Wir erinnern uns: Im paternalistischen Kommunismus war ja der „Planer" derjenige, welcher alles verteilt. Jetzt sagt das Geld Bescheid. Die Marktpreise für Güter und Rohstoffe entscheiden darüber, was hergestellt wird. Lohnt sich dein Asthmamedikament in der Herstellung nicht, stelle ich eben für dich ein Potenzmittel her. Das hat Geld entschieden. Die Pflege deiner Eltern lohnt sich nicht, sagt Geld. Dann bekommt ihr dafür mehr Kuchen. Ihr wisst genau, was ihr euch leisten könnt. Guckt einfach ins Portemonnaie. Anweisungen und Zuteilungen sind überflüssig. Hauptsache der Verkauf lohnt sich.

---

[53] Wagener (2012), S.11-12.

Dass Geld auf Bedürfnisse also keine Rücksicht nimmt, solange sie nicht zahlungskräftig sind, stört den Liebhaber der Freiheit offensichtlich nicht. Denn die Menschen sind frei alles zu tun, was sie bezahlen können. Die freiheitliche Ordnung des Geldverdienens und -vermehrens dürfen sie freilich wegen ihrer Probleme nicht antasten. Denn das würde wieder die Koordination des Geldes stören. Da wird der Nichtpaternalist dann plötzlich sehr hierarchisch und sagt, was wer zu tun und zu lassen hat. Polizei, Armee, Gerichte sind nötig, weil viele die angebotene Freiheit nicht zu nutzen wissen. Schön formuliert ist die Antwort auf die Frage „Was ist Geld? " S.13 ebenda:
„Geld ist ein Kommunikationsmittel, so wie die Sprache und die Gewalt."
Richtig formuliert müsste es heißen: Geld ist die ständige Androhung von Gewalt durch die herrschende, besitzende Klasse. Unterwirfst du dich nämlich dem durch das Geld realisierten Ausschluss von Gütern und Leistungen nicht, wird man dich verdächtigen, die Sprache der Freiheit nicht zu verstehen und alles Weitere übernimmt die staatliche Gewalt, welche bei der Freiheit das Monopol hat. Die finanzielle Monopolstellung beim Kaufen und Verkaufen muss eben verteidigt werden.
Das ist unsere Kulturphilosophie.

7 Verzweiflung am Menschen – Niall Ferguson

Niall Ferguson, immerhin Professor in Harvard, liefert entsprechend seiner Denksozialisation eine schöne Standardargumentation[54]:
„Trotz der beispiellosen Verfeinerung unserer Institutionen und Instrumente bleibt der Finanzplanet auch heute so krisenanfällig wie seit jeher. Bei allem Erfindungsreichtum scheinen wir dazu verdammt ‚Narren des Zufalls' zu sein und von ‚schwarzen Schwänen'[55] überrascht zu werden. (…) Dafür gibt es drei Hauptursachen. Die erste besteht darin, dass die Zukunft (…) so ungewiss ist, wie sie nun einmal ist, und sie sich eben nicht mit einem kalkulierbaren Risiko vergleichen lässt."
Der Finanzplanet bleibt krisenanfällig, weil die Zukunft ungewiss ist. Ein Masterargument, welches noch dadurch verschlimmert wird, dass der Professor der Meinung ist, dass ein kalkulierbares Risiko nicht ungewisse Zukunft bedeuten würde. Er schreibt weiter[56]:
„Denn es steht außer Frage, dass die heuristischen Vorlieben von Einzelnen wesentlich zur Volatilität von Finanzmärkten beitragen. Das bringt uns zur zweiten Ursache der inhärenten Instabilität des Finanzsystems: dem menschlichen Verhalten. Wie gesehen, hängen alle Finanzinstitutionen von unseren angeborenen Neigungen ab, von

---

[54] Ferguson (2011), S. 303
[55] Beides wohl Bezüge auf Nassim Taleb
[56] Ferguson (2011), S.305.

Euphorie zu Niedergeschlagenheit zu wechseln, von unserer anhaltenden Unfähigkeit, uns vor dem ‚tail risk‘ zu schützen, vor unserer ewigen Weigerung, aus Geschichte zu lernen."
Kommt einem bekannt vor. Die Idee ist gut, nur die Umsetzung durch den Menschen ist schlecht. Finanzmärkte, Finanzsystem, Finanzinstitutionen = hui. Vorlieben von Einzelnen, menschliches Verhalten, angeborene Neigungen, anhaltende Unfähigkeit, ewige Weigerung des Menschen = pfui. Die armen Finanzinstitute hängen von uns ab. Da kann nichts daraus werden.
Interessant, wie bei der Erklärung des Sonderfalls Krise die üblichen gängigen Argumente nicht mehr bemüht werden. Sollte nicht der Markt mit seiner reinigenden Kraft die individuellen Fehler von sich aus ausgleichen? War nicht die Kreativität des Einzelnen beim Geldverdienen der Fortschrittsmotor Nummer 1? Jetzt ist ausgerechnet die Vorliebe des Einzelnen schuld an der Volatilität, als ob das in der Konkurrenz aller nicht genau das Geschäftsmodell wäre: dass nämlich einer etwas anderes macht als der andere, um Geld zu verdienen. Dem Finanzmarkt wird unterstellt, er müsse doch stabil bleiben. Plötzlich soll er nicht für die Gewinnsucht des Einzelnen da sein, sondern irgendwie für alle und bitte nicht volatil.
Beim „tail risk", also höherer Wahrscheinlichkeit, dass im Portfolio Werte von Standardschwankungen abweichen, ist doch gerade die Aussicht auf höheren Profit der logische Antrieb. Soll das Streben nach maximalem Gewinn nun falsch sein, bloß weil damit ein Risiko verbunden ist? Rechtfertigt jetzt die früher hoch geschätzte Risikobereitschaft den Profit gegenüber anderen und der Gesellschaft nicht mehr?
Und hoffentlich meint Professor Ferguson mit „angeboren" nicht, dass man das nie loswird. Denn dann wäre die nächste Frage, wieso sich Menschen ausgerechnet Finanzinstitutionen geben sollten, die ihren angeborenen Neigungen zuwiderlaufen.

Man ahnt den originellen Lösungsvorschlag für alle ökonomischen Probleme. Es muss eine bessere Geldpsychologie her. Damit Finanzen funktionieren können, müssen Menschen psychisch auf Linie gebracht werden. Als Wirtschaftswissenschaftler bleibt Ferguson den Beweis nicht schuldig[57]:

„Wenn Sie immer noch an der tief verwurzelten Fehlbarkeit des Menschen zweifeln, stellen Sie sich einmal die folgende Frage: Ein Baseballschläger und ein Ball kosten zusammen 1,10 Dollar und der Schläger kostet einen Dollar mehr als der Ball. Wie viel kostet der Ball? Die falsche Antwort ist diejenige, die jeder Zweite wie aus der Pistole geschossen nennt: 10 Cent. Die richtige Antwort ist 5 Cent. Denn nur, wenn der Schläger 1,05 Dollar und der Ball 5 Cent kosten, sind beide Bedingungen erfüllt. Wenn es eine Fachdisziplin gibt, die unser Verständnis der Funktionsweise der Finanzmärkte revolutionieren wird, dann ist das das aufstrebende Gebiet der verhaltensorientierten Finanzlehre."

Oder wie wäre es mit finanzorientierter Verhaltenslehre? Dass Menschen sich irren können, hat seine banale Erklärung in dem Umstand, dass Anschauung nicht gleich Urteil ist. Die Anschauung betrachtet die erscheinende Oberfläche, das Urteil erfasst das Wesen. Dazwischen liegt ein Denkprozess. Das analytische Denken kann in die Irre gehen, wie selbst an Ferguson deutlich wird. Bei Geld ein mögliches richtiges Denken zu fordern, unterstellt dem Geld und seinem Umschlag als Kapital einen Sinn, den man erfassen könnte. Diesen Sinn hat das Geld wegen seiner Natur als quantitativer Wertausdruck nicht. Die Suche danach erzeugt die verschleiernden Behauptungen der bürgerlichen Wissenschaft, dass kapitalistische Wirtschaft als Volkswirtschaft irgendwie ein Gemeinwohl im Blick hätte. „Weigern" wir uns also nicht, „aus Geschichte zu lernen" (Ferguson), und schaffen wir die ideologischen Dogmen der Wirtschaftswissenschaften ab, als Voraussetzung für die Abschaffung des Geldes selbst.

8 Geld und Klassen

Man kann eine lange Diskussion führen, was eine Klasse ist und ob es sie heute überhaupt noch gibt[58]. Selbst wenn Übergänge, wie bei jeder

---

[57] Ferguson (2011), S.306-307.

[58] Peter Sloterdijk hat in der FAZ vom 13.06.2009 (Sloterdijk, faz.net, 2009) die Debatte aktualisiert, ob es überhaupt eine Berechtigung gibt, heute Klassen noch ökonomisch zu verstehen. In der „Revolution der gebenden Hand" werden stattdessen von ihm die Produktiven oder Leistungsträger von den Unproduktiven getrennt. Die Sozialschmarotzerdiskussion leugnet indes interessiert ein gemeinsames Interesse von verfügungsberechtigten Besitzern der Produktionsmittel (und Betreibern der daran angehängten Spekulation)

Materie in Bewegung, fließend sind, fallen kategorische Unterschiede in Bezug auf den Besitz von Produktionsmitteln und Geld auf. Geld und Maschinen und Land verteilen sich nicht gleichmäßig auf alle. Es hat auch nicht jeder gleiche Zugriffschancen wie etwa beim Monopolyspiel. Die Ausgangsbedingungen führen in der Geldwirtschaft mit hoher statistischer Wahrscheinlichkeit zum Jahresabschluss. Wer schon mal Teller abgewaschen hat, weiß, wie die Chancen stehen, Millionär zu werden, obwohl sie zweifellos existieren.

Eine Definition kann Diskussionen um Begriffe nur vorläufig beenden. Die Definitionsdebatte stellt nur einen Stellvertreterstreit dar, um etwas im Leben so oder so interpretieren zu können (Keine Klassen: Uns geht es also gut. Weiter so!) Da nicht der Begriff, sondern das Leben Ziel meiner Diskussion ist, benutze ich den Begriff als Instrument nicht als Zielsetzung für meine intellektuellen Ambitionen.

Klassen sind durch ihre Stellung (Besitz, Kommando) zu den Produktionsmitteln und zum Produktionsprozess bestimmt. Im Klassenkampf nehmen beide (oder mehr) Seiten ihre ökonomischen Interessen wahr und treten dafür ein (möglicherweise wenig intensiv), weil sie das müssen, um in ihrer Position weiter zu leben. Die gesellschaftliche Eigentumsverteilung und die Verteilung der Verfügungsgewalt über Produktions- und Spekulationsmittel schafft also zunächst ein Klasseninteresse, welches ökonomisch und politisch eine Klasse an sich eint. Die Frage ist, ob das Klasseninteresse an sich auch das Interesse für sich des Klassenvertreters ist.

Wird der materielle Gegensatz zum Bewusstseinsgegensatz? Nicht automatisch. Das wird vor allem deutlich am Verhalten der Nichtbesitzenden, die sich oft eher arrangieren, anstatt Widerstand gegen ihre relative und absolute soziale Benachteiligung zu leisten, die lieber auf gleiches Recht pochen, als auf gleiche Ausgangsbedingungen. Dann kann man im Umkehrschluss davon ausgehen, dass die Besitzenden und Privilegierten auch nicht subjektiv positiv zu ihren Interessen stehen müssen. Das erkennt man überdeutlich an der Zusammensetzung vieler revolutionärer Bewegungen. Die Klassenkämpfe führen nicht zu klaren Fronten. Im Gegenteil: Der Klassenkampf wird am schärfsten von den jeweiligen Überläufern geführt. Der Schlüssel zur Überwindung der blinden Geldregentschaft liegt eben gerade darin, dass alle in ihr gefangen sind. Die Konsequenzen daraus für Leute, die keine Produktionsmittel besitzen und ihre Arbeitskraft vermieten, sind existenzieller Natur. Sie können also am nächsten, längerfristigen Mangel sterben. Aber auch

---

gegenüber Angestellten, Arbeitern. Anstelle der Herrschaft tritt bei Sloterdijk in „Du musst dein Leben ändern" (Sloterdijk, Du mußt dein Leben ändern, 2009) die „Vertikalität"(S.206) zur Verschleierung des gewalttätigen Charakters des Staates.

die Nutznießer des Geldprogramms sind nicht frei. Sie können aus der Dynamik der entfremdeten Produktion und Spekulation nur bei gleichzeitigem Verlust des Klassenstatus aussteigen.

Die Herrschenden HERRschen eigentlich nicht, sondern haben nur Macht und können diese ausüben, solange sie den vermeintlichen Gesetzmäßigkeiten des etablierten Systems folgen. Abweichen bedeutet für sie genauso viel Stress wie für die Unterdrückten. Die anderen Vertreter ihrer Klasse lassen sie fallen und würden sie auch töten, sollte der Ausstieg systemrelevante Folgen haben. Für den Systemübergang darf die Klasseneinteilung (obwohl sie im ökonomischen Sinn existiert) keine Rolle spielen, sondern gerade das Heraustreten aus ihr. Genauso wie bei Rassengegensätzen oder nationalen Gegensätzen nicht die Umkehr von Weiß auf Schwarz die Lösung ist, sondern das bewusste Nichtberücksichtigen der rassischen etc. Unterschiede in ökonomischer, juristischer und politischer Hinsicht.

Wie soll denn die Arbeiterklasse die herrschende Klasse werden, wenn sie weiter ARBEITET? In der Praxis der Nachrevolution traten die neuen Herrschenden aus der Arbeiterklasse heraus und bildeten mit irgendwelchen Intellektuellen eine neue Schicht über der Arbeiterklasse. Und würden diejenigen, welche die Macht für die Arbeiterklasse fordern, an sich hinunterschauen, könnten sie leicht feststellen, dass sie vor und nach der Revolution keine Arbeiter sind. Sie meinen aber nicht, dass ein Arbeiter sie beherrschen soll, sondern der Arbeiter soll virtuell mit dabei sein, wenn sie ein neues Gesellschaftsprojekt aufziehen, als Berufungstitel. Das machen sich die Revolutionäre nur selten klar. Genau betrachtet muss der Klassenkampf gegen das Klasseninteresse der ökonomischen Vorteilsnahme an sich geführt werden, mit allen, die dazu bereit sind, und nicht gegen die Vertreter einer Klasse schlechthin. Jeder muss für sich entscheiden, ob er zum Agenten von Mechanismen werden möchte, die ihm ökonomische Vorteile bringen, ihn als Menschen aber schädigen wie die ihm Unterlegenen. Diese Entscheidung definiert seine Position in der Auseinandersetzung, welche im Übrigen notwendig geführt wird, mindestens von einer Seite. Das Bestehen von Gegensätzen ist keine Frage der individuellen Wahl.

Marx schreibt in der „Deutschen Ideologie", dass „… also die Umstände ebensosehr die Menschen, wie die Menschen die Umstände machen." (MEW 3, S.38)

Dem greift Kant vor, als er in „Was ist Aufklärung" schreibt, dass unter den Vormündern Leute sind, die die Menschen aus der Unmündigkeit heraustreten lassen wollen[59]. Die Gruppendynamik zur

---

[59] „Denn da werden sich immer einige Selbstdenkende, sogar unter den eingesetzten Vormündern des großen Haufens finden, welche, nachdem sie das Joch der Unmündigkeit selbst abgeworfen haben, den Geist einer

Kritik des Bestehenden geht also auch von dessen Verwaltern und Profiteuren aus, was im Sinne der Überwindung der gesellschaftlichen Spaltung nur nützlich sein kann.

9 Geld und „Realer Sozialismus" - Harry Nick

Was hat Sozialismus mit Geld zu tun? Nichts, möchte man antworten. Jedoch haben die Realen Sozialisten diese Frage mit Penetranz auf die Tagesordnung gesetzt, indem sie ihr System ohne jede Not und bei aller sonstigen Machtfülle mit einem vermeintlichen Helferlein organisierten: GELD.

Alle Staaten, die ein sozialistisches Wirtschaftsmodell anstreben, benutzten und benutzen bis heute Geld. Sie betreiben eine sozialistische Warenwirtschaft, bei der man sich fragt, ob die Erben des Marxismus schon einmal darüber nachgedacht haben, wozu man sich die ganze Mühe der Revolution machen soll, wenn das System vorher und nachher ökonomisch kaum unterscheidbar ist und an die Stelle der individuellen oder Aktienkapitalisten einfach der Staat tritt.

Die Geldfrage ist essentiell mit der Eigentumsfrage verknüpft. Welche Maßstäbe gelten nach der Machtübernahme von Sozialisten für die Organisation der Wirtschaft?

Die Ökonomie der Staaten der Einflusssphäre der Sowjetunion war durch deren politisches Kalkül der Nachstalinzeit bestimmt, also einer Mischung aus Marx-Engels-Lenin-Erbe als Berufungstitel, der stalinistischen Praxis der Volksbeglückung mit Dankbarkeitszwang und der Anpassung an ganz banale finanzielle Nöte.

Ganz selten findet man eine ehrliche Darstellung der Argumente zu Zeiten des existierenden „Realen Sozialismus". Das ist dem Fakt geschuldet, dass die Argumentation von vielen Opportunisten zu Zeiten der sozialistischen Staatsmacht nicht ernst gemeint war und keiner wissenschaftlichen Überzeugung entsprang. Nach Zusammenbruch der DDR haben die Verteidiger der sozialistischen Wirtschaft sich also konsequent auf die neuen Bedingungen eingestellt und ihr eigenes Modell von früher als peinlichen Irrtum verworfen.

So als hätte es während der 40 Jahre DDR keine Kontroversen oder überlegenswerte Alternativen gegeben, reden die Vertreter der DDR-Staatsmacht nur noch über historische Details ihrer freiwilligen Aufgabe. Ihr Hauptinteresse ist dabei, sich als Vorstufe der gesamtdeutschen neuen Europamacht darzustellen. Etwa so: - Wir haben doch nur unter den Bedingungen des Kalten Krieges versucht, das Mögliche zu machen und den Frieden zu sichern. - Maximal sind sie noch böse und enttäuscht, dass die neuen Machthaber das nicht anerkennen und sie nicht brüderlich in die westlichen Arme schließen, wo sie doch so viel Wertvolles zur Moderne beitragen könnten.

---

vernünftigen Schätzung des eigenen Werts und des Berufs jedes Menschen, selbst zu denken, um sich verbreiten werden." Kant (1784), S.481

Das große Verdienst von Harry Nick ist es, der Kapitulation vor dem historisch Faktischen eine souveräne Debatte über richtige und falsche Argumente zur ökonomischen Verfasstheit der DDR entgegenzusetzen. Notwendigerweise geht er dabei sowohl von dem Scheitern der DDR-Variante des „Realen Sozialismus" aus, als auch von der Enttäuschung der von der Marktwirtschaft beglückten DDR-Bürger. Dass beides seine Ursache in deren politischer Passivität hat, die Menschen in einer Art Konsumhaltung immer nur zwischen vermeintlich geringerem und größerem Übel wählen lässt, bleibt freilich außen vor.

Was ist besser? Wenn ich dir einen Arm oder ein Bein abhacke? Plötzlich merken die Ostdeutschen, dass Kapitalismus nicht das ist, was IHNEN VERSPROCHEN wurde. 1990 vertrauen 66,7 % der sozialen Marktwirtschaft und 4,1% nicht. 1994 vertrauen der sozialen Marktwirtschaft nach deren Einführung in der Anschluss-DDR noch 16,5% und NICHT vertrauen ihr 34,23%.[60] Gibt es einen besseren Beweis für Vertrauen-gibt's-beim-Opportunisten-grundsätzlich-als-Vorschuss-ohne-darüber-nachzudenken? Als ob der Kapitalismus nicht ständig versagen würde und als ob das eine Ursache für Scheitern wäre, sind beim nicht mehr existierenden Sozialismus aber alle einer Meinung:

„Nahezu einhellig war das Einverständnis darüber, dass das planwirtschaftliche Modell in der DDR versagt hat. Der Versuch war nicht gelungen, eine Wirtschaftsordnung zu schaffen, in der wirtschaftliche Rationalität und Humanität, wenn auch auf widersprüchliche Weise, sich letztlich verbinden ließen. Die Planwirtschaften waren durchweg durch ein allgemeines andauerndes Angebotsdefizit im Verhältnis zur zahlungskräftigen Nachfrage charakterisiert. Es waren Mangelwirtschaften."[61]

Harry Nick beginnt seine sehr aufschlussreiche Darstellung der öko-nomischen Diskussionen in der DDR mit verschiedenen Modellen des Eigentums. Er zitiert Fritz Behrens: „Staatseigentum ist noch kein sozialistisches Eigentum, weil kein Gemeineigentum."[62]

Und weiter: „Der Sozialismus ist wirtschaftlich möglich, wenn mindestens zwei Bedingungen erfüllt sind... : Erstens muss auf der Grundlage des Gemeineigentums frei assoziierter Produzenten eine sich selbst verwaltende pluralistische Gesellschaft existieren, die die wie auch immer verschleierte zentralisierte Staatsmacht ersetzt durch Organe einer sozialistischen Demokratie, und zweitens darf eine solche pluralistische Selbstverwaltungswirtschaft nicht national, ja

---

[60] Nick (2011), S. 36.

[61] Nick (2011), S.36.

[62] Nick (2011), S.28, zitiert aus Fritz Behrens, „Abschied von der sozialen Utopie", Berlin 1992, S. 155

nicht einmal territorial beschränkt sein, sondern muss universellen Charakter haben."[63]

Es hat also eine durchaus mutige und nützliche Debatte zur Frage des Staatseigentums gegeben. Fruchtbringend war sie in der Praxis nicht, eben so wenig in den Hirnen der politisch Maßgeblichen.

Durch das ideologische Erbe des Stalinismus war Marx zu einer reinen moralischen Berufungsinstanz verkommen, ohne praktische Relevanz. Das Hauptinteresse nach Machterhalt verband sich mit ökonomischen Fragen nur gezwungenermaßen und durch die politischen Hauptakteure als von vermeintlichen Sachzwängen Getriebene. Zu derlei Opportunisten gehört Harry Nick erfreulicherweise nicht. Er versuchte rational die Ursachen für das Scheitern des „Realen Sozialismus" zu finden.

Die bei Behrens erwähnte Selbstverwaltung der Produzenten deutet Nick aber nur als Idee, dass die Arbeiter als Produktionskollektiv Besitzer der jeweiligen Betriebe werden. Diese verwirft er später in Verbindung mit der Kritik am jugoslawischen Modell. Nur scheinbar wäre so die Negation des Privateigentums vollzogen, indem man individuelles Eigentum wiederherstellt.[64] Diese Argumentation suggeriert, dass die Alternative lediglich zwischen Staatseigentum und Gruppeneigentum bestünde, was die Eigentumsfrage in den Vordergrund stellt.

Als Begründung für den schnellen und scheinbar freiwilligen Abschied vom Volkseigentum in den realsozialistischen Ländern nach Gorbatschow in den 1990zigern gibt Nick die mangelnde Einmündung der persönlichen Interessen in das „Volkseigentum". Der Zusammenhang zwischen Arbeiter und Produktionsmitteln war in der sowjetischen Variante eben nur instrumental über die zentrale Leitung und Planung vermittelt und damit nur vorgeblich direkt. Die Nagelprobe aufs Gelingen oder Misslingen des sozialistischen Versuchs konnte nicht bestanden werden, weil keine lebensfähige Lösung des Problems der Verbindung zwischen Individuum und Eigentum gefunden wurde, obwohl viele sich mit ihrem Kollektiv und ihren kulturellen Möglichkeiten am Arbeitsplatz identifiziert hätten.

Bevor ich darauf eingehe, welche Rolle das Eigentum in der nachkapitalistischen Welt spielt, untersuchen wir noch mit Nick dessen gängige Betrachtungsweise in der etablierten Auffassung von Partei und Staat:

„ ... Auffassung vom Volkseigentum war etwa folgende: Volkseigentum bedeute, dass jeder gleichermaßen Eigentümer der Produktionsmittel sei, also sozialökonomische Gleichheit hergestellt sei. Er sei dies aber als Gesellschaftsmitglied, nicht als Einzelperson. Keiner sollte einen unmittelbaren Anspruch auf einen entsprechenden Anteil an diesem Eigentum haben, den er sich gegebenenfalls auch

---

[63] Nick (2011), S.28f, zitiert aus Fritz Behrens (s.o.).
[64] Nick (2011), S.29.

hätte auszahlen lassen können. Und weil er nur als Gesellschaftsmitglied, als Teil des Gesellschaftskörpers Eigentümer sein könne, bedürfe es Organe, die den Gesamtwillen verkörpern, die gemeinschaftlichen Interessen aller wahrnehmen. Und die zugleich den ‚assoziierten Verstand' der Eigentümer bilden. Dies eben sollte im Selbstverständnis dieses Modells die zentrale Leitung und Planung sein."[65]

Die lag natürlich in Staatshand, aber in sozialistischer. Weil alle Eigentümer sind, würden sie auch nach besten Kräften mitarbeiten an ihrem Eigentum. Nick kritisiert, dass dieses Konzept nicht aufgehen konnte, weil es einen Grundfehler hätte. Nämlich war Gemeineigentum nach dieser Lesart ein nur zweistufiges System: ein Verhältnis zwischen Gesellschaft und Individuum. Daraus folge als ausschlaggebendes Erfolgskriterium die gute und kluge Führung eines seinerseits fleißigen und dankbaren Volkes. Das sei nicht aufgegangen, weil die relativ eigenständigen kollektiven Interessen der Betriebe, also der Waren produzierenden Einheiten ausgeblendet worden seien.

Aus der Draufsicht mag das zutreffen. Jedoch sind diese seltsam eigenständigen Interessen, die vielleicht ignoriert wurden, vor allem durch das ökonomische System des Staatseigentums erst selbst produziert worden. Eigentum als solches spielt nur bis zur Enteignung der Eigentümer eine Rolle, die davor die Enteigner von Arbeitsleistung waren. Danach transformiert es sich nicht in Staats- bzw. Volkseigentum, sondern hört auf zu existieren. Es ist auch davor nur ein fiktives Verhältnis zwischen Mensch und Ding, welches nur dadurch Geltung bekommt, dass mit Gewalt oder staatlicher Gewalt ein Anspruch auf einen Gegenstand garantiert und brutal durchgesetzt wird. Etwas gehört mir solange, bis es mir weggenommen wird. Eigentum ist letztendlich eine Einbildung.

Es hat auch niemand etwas davon eine Fabrik zu besitzen. Niemandes Bedürfnisse werden befriedigt durch das bloße Eigentum an einer Maschine, es sei denn, damit erhält er die Verfügungsgewalt über deren Produktionsausstoß zur Anhäufung von konkretem Reichtum und Tauschwert.

Deswegen ist dem DDR-Arbeiter der Abschied vom „Volkseigentum" auch so leicht gefallen. Weil es eben für ihn nichts bedeutete, schon gar nicht die Verfügungsgewalt über Produktion und Reichtum.

Nick kann den Eigentumsgedanken der Geldgesellschaft nicht überwinden. Sein Vorschlag:

„Der zentrale Punkt notwendigen Umdenkens in der Eigentumsfrage bestand darin, die relative Eigenständigkeit betrieblicher Interessen anzuerkennen, sie in das Verständnis von Volkseigentum

---

[65] Nick (2011), S.43.

grundsätzlich einzubeziehen und zugleich auf die Vorteile gesamtwirtschaftlicher Rationalität nicht zu verzichten."[66]
Ein Umdenken in der Eigentumsfrage bedeutet bei Nick trotzdem immer noch Eigentum an Produktionsmitteln. Dass Eigentümer nicht alle sein können, weil das logisch durch den Sinn von EIGENtum ausgeschlossen ist, können wir voraussetzen. Volkseigentum ist als moralischer Kampfbegriff einer herrschenden Staatsmacht anzusehen. Nicks Eigenverantwortung der Betriebe kommt einer realistischen Betrachtung von sozialistischem Eigentum näher, bedeutet aber in der Konsequenz Kapitalismus ohne Kapitalisten. Partikularinteressen sollen nicht individuell bleiben, sondern gruppenbezogen, um für die Gesellschaft produktiv zu werden. Die Produzierenden werden gleichzeitig eine Art Aktionärsversammlung gegen andere Produzenten-Aktionärsversammlungen und diese Veranstaltung soll dann ein nichtkapitalistischer Staat mit Marktlenkung in eine nicht partikulare Wohlfahrtsrichtung bringen? Die detaillierte Marxsche Analyse der Warenproduktion und ihrer Genese bis zum modernen Kapitalismus mit allen seinen Folgen für das menschliche Zusammenleben scheint bei den Realen Sozialisten umsonst gewesen zu sein. Konsequenter Weise schlussfolgert Nick (und diese Schlussfolgerungen aus ihrer Praxis hätten theoretisch auch die anderen Denker und Führer des „Realen Sozialismus" so formulieren müssen):
„Wohl aber musste die Marxsche Idee von einem Sozialismus ohne Warenproduktion, vom gänzlichen Verzicht auf Marktregulation, fallen gelassen werden."[67]
Marx hatte gerade in seiner „Kritik des Gothaer Programms" für die nachkapitalistische Gesellschaft erklärt:
„Innerhalb der genossenschaftlichen, auf Gemeingut an den Produktionsmitteln gegründeten Gesellschaft tauschen die Produzenten ihre Produkte nicht aus; ebensowenig erscheint hier die auf Produkte verwandte Arbeit als Wert dieser Produkte, als eine von ihnen besessene sachliche Eigenschaft, da jetzt, im Gegensatz zur kapitalistischen Gesellschaft, die individuellen Arbeiten nicht mehr auf einem Umweg, sondern unmittelbar als Bestandteil der Gesamtarbeit existieren."[68]
Kein Tausch, kein Wert, keine Waren - das bedeutet letztendlich: kein Markt. Auf dem Markt sind Äquivalente, also Geld, für immer nötig. Mit Waren, Markt und Geld zu planen ist ein nicht auflösbarer Widerspruch, denn auf dem Markt stellen sich die Tauschverhältnisse und damit rückwirkend auch die Produktionsverhältnisse gerade nicht durch menschliche Entscheidung her, sondern hinter dem Rücken der Menschen. Eine Festlegung mit Hilfe nicht festlegbarer Größen ist

---

[66] Nick (2011), S.44.
[67] Nick (2011), S.44.
[68] MEW Bd. 19, S.19-20.

eine nicht endende, erfolglose Sisyphusarbeit. Zu guter Letzt blieb der „Reale Sozialismus" in Praxis und Theorie eine Abart oder Unterart des Kapitalismus. Wie konnte es dazu kommen?
Genial erkennt Nick die doppelte Inkonsequenz der ökonomischen Theorie der DDR[69]:

1. Der Sozialismus ohne Warenwirtschaft nach Marx' Ideen wurde zu leicht beiseite geschoben. Denn nach Marx sollte der Zusammenhang zwischen Umfang der gesellschaftlichen Arbeitszeit und Umfang der Bedürfnisse, welche durch die Arbeitsprodukte befriedigt werden, unter Umgehung des Marktes bzw. des Wertes hergestellt werden.

2. Die Begründung der Planwirtschaft mit Ware und Geld erfolgte mit denselben Argumenten, die Marx zur Abschaffung der Warenwirtschaft anführt (als ob „Das Kapital" keine Kritik der politischen Ökonomie des Kapitalismus gewesen wäre, sondern eine Anleitung zum Sozialismus - J.T.)

Nicks Schlussfolgerung zur Beseitigung der Inkonsequenz ist aber die Anerkennung der Ware-Geld-Beziehung als Element des Sozialismus zur Entfaltung von dessen Vorzügen.[70] Er identifiziert die nicht erreichte „Eigenfinanzierung der Betriebe" als Ursache dafür, dass die „Geldkategorien" ihre wohltuenden Wirkungen nicht entfalten konnten. Preis, Gewinn, Kosten und Kredit hätten zu geringe Wirkungen auf das „wirtschaftliche Geschehen" gehabt. So bleibt also die von den Realen Sozialisten erhoffte Leistung der Warenwirtschaft in ihrem Sozialismus aus, die diese im Kapitalismus auch nie herstellt: die flächendeckende, befriedigende Versorgung der Bevölkerung mit materiellen Gütern bei gleichzeitigem psychischem Wohlbefinden. Freilich war das auch nie ihr Ziel. Wohl aber wurde es der Warenwirtschaft von den Sozialisten als Zielrichtung aufgedrückt.
Überhaupt ist die Warenwirtschaft kein Subjekt. Sie ist ein Begriff, mit dem ein nicht zielgerichtet hergestelltes Verhältnis zwischen Personen (über Dinge vermittelt) beschrieben wird. Ein Verhältnis, welches sich nicht aus rationalen Entscheidungen herstellt, sondern aus Sachzwängen. Der Preis, die Kosten, der Kredit, die Zinsen etc. sind nicht Willensausdruck **eines** Subjekts, weil sie nicht einseitig festgelegt werden können. Am Markt nehmen aus unterschiedlichen Motiven **mehrere** Subjekte teil, deren Verhältnis sich größtenteils nicht willentlich herstellt. Ausgerechnet im Sozialismus soll unter Umgehung der negativen Wirkungen der anarchischen Mensch-Ware-Geld-Beziehung ein derselben unterstelltes nicht-anarchisches, positives Ziel erreicht werden. Diese Idee unterliegt allen Mythen von der Eigenkraft des Geldes. Als würden Geld und Wert von Waren von

---

[69] Nick (2011), S.48.
[70] Nick (2011), S.49.

sich aus etwas bewegen, was dem praktisch vollziehbaren konkreten Willen des Menschen sonst versagt bliebe. Als ob Geld und Wert nicht Ausdruck einer quantitativen Beziehung, ein Mengenausdruck wären. Als ob, wie bei einem Voodoo-Fetisch, eine subjektgewordene Idee dieses Mengenausdrucks eine qualitative Veränderung erreichen könnte.

Wenn eine Kreditschuld über X Goldonen zwischen zwei Menschen ein zwangsläufiges Schuldner-Gläubiger-Verhältnis herstellt, tue ich so, als würde die Schuld, gleich einem Gott, mit wunderbarer Hand Hass zwischen den beiden säen, so dass sie sich umbringen. Wer war es? Die Kreditschuld. Schlussfolgerung? Die beiden haben dem falschen Gott geopfert, falsch gebetet.

Das richtige Opfern und Beten in der sozialistischen Ökonomie heißt Anwendung von ökonomischen Hebeln. Das bedeutet, einem an sich objektiv wirkenden Gesetz wird durch die Anwendung bestimmter staatlicher Maßnahmen auf die Sprünge geholfen. Wie ein Gott umgestimmt werden soll, damit es wieder regnet. Nick weist die Wirksamkeit dieser Hebel zurück, weil eben alle Hebel ohne „Eigenfinanzierung" der Betriebe an deren nicht vorhandenem Eigeninteresse scheitern würden. Dann fordert er rückwirkend für das „Neue Ökonomische System der Planung und Leitung im Sozialismus" selbst den Hebel voll entfalteter Wertkategorien, die sich wieder in der „Eigenerwirtschaftung" der Betriebe niederschlagen sollten.[71]

Die beste Illustration dieser Art von Experimenten mit ökonomischen Interessen, die gerne mit EIGEN-irgendwas ergänzt werden, ist die buchstäbliche Perestroika (russ. für Umbau). Jegor Ligatschow berichtet, welche Folgen es hatte, dass Betriebe ihre Produkte teilweise zu „frei" zu vereinbarenden Preisen absetzen konnten. Er war in den letzten Jahren der Sowjetunion Mitglied im Politbüro der KPdSU und arbeitete mit Gorbatschow am „Umbau" der Sowjetunion mit, einem Umbau, der mit ihrer Auflösung endete.

„Was waren die Folgen? Die denkbar fatalsten. Monopolstellungen, die in der Planwirtschaft keine Gefahren dargestellt hatten, eröffneten bestimmten Herstellern die Möglichkeit, für ihre Produkte exorbitante Preise zu fordern. Diese Betriebe kamen so zu immensen Einnahmen, ohne dass sie dafür intelligenzintensive Technologien hätten einführen müssen. Die frei vereinbarten Preise stimulierten also nicht den wissenschaftlich-technischen Fortschritt, sondern bremsten ihn aus."[72] Vorhersehbar, wenn man nicht an die gesellschaftlich nützlichen Marktkräfte glaubt. Die freien Preise stimulierten natürlich etwas ganz anderes. Mit den neuen Verdienstmöglichkeiten sahen sich die lokalen Verwalter des „Volkseigentums" plötzlich in der Position von Verwaltern enormer Profitmöglichkeiten, die nur durch die alte

---

[71] Nick (2011), S.51.
[72] Ligatschow (2012), S.233, jw vom 6./7.10.2012.

Staatsstruktur noch nicht für ihre privaten Taschen ausbeutbar waren. Die Überführung von Staatseigentum in Privateigentum und die Befreiung von zentralen Vorgaben musste folglich das höchste Ziel ihrer neuen Gier werden. Schnell bildeten die Betriebsleiter, Vertreter der örtlichen Staats- und Parteiorgane, Kriminelle und sonstige kreative Aktivisten des Eigeninteresses eine Lobby zur Unabhängigkeit ihrer Produktionsstrecken von der staatlichen Bevormundung durch das Zentrum zum Schaden des großen Rests der sowjetischen Gesellschaft. Benzin, Schnaps, Kaviar, Schokolade, Holz etc. - Wer in dieser Situation auf derlei seine schmutzigen Finger legen kann, wird steinreich. Ligatschow wundert sich im Nachhinein: „Und auch ganz generell in der Frage der verschiedenen Formen des sozialistischen Eigentums kam es im Verlaufe der Entwicklung zu seltsamen und rätselhaften Wandlungen. Ich habe bereits davon geschrieben, daß dieses von Gorbatschow offiziell verkündete Prinzip der ‚Vielfalt der Formen des sozialistischen Eigentums' in einen Aufruf zur ‚Vielfalt der Eigentumsformen' transformiert wurde - was eine Wandlung der Politik von Grund auf darstellte. (...) Die Entstaatlichung wurde in vielen Fällen in eine verbrecherische Privatisierung verwandelt, in den massenhaften Ausverkauf der Produktionsmittel zum Spottpreis, zur Verschleuderung in private Hand."[73]

Die Perestroika setzt ein gewaltiges Programm der privaten Bereicherungswut in Gang, eine brutalstmögliche Akkumulation des Kapitals, wobei die Reichtumsberge aus den Schatzhallen des Staates in die Villen der neuen Oligarchen umgeschaufelt wurden. Auf der Strecke blieben die Lebensverhältnisse der Bevölkerung ohne Platz in der Betriebsleitung. Man kann streiten, wie viel davon absichtlich geschah und wo die ursprüngliche Absicht Gorbatschows und seiner Mitstreiter einfach konterkariert wurde. Entscheidend war jedoch deren Fehldiagnose. Sie hatten einen Stillstand in der wirtschaftlichen Entwicklung zurückgeführt auf die kleinliche Bevormundung der Betriebe durch eine zentrale Planung, die „bis hin zur hundertprozentigen Verteilung der Ressourcen und der Lohnfonds" alles ausarbeitete (Ligatschow ebenda).

Natürlich muss Planung im großen Maßstab flexibel die Ressourcen und Arbeitskräfte verteilen, wobei die Leute vor Ort einen Spielraum in der Umsetzung von Kennziffern haben müssen. Das Problem waren aber nicht die zu engen Kennziffern des Plans, sondern das gleichzeitige Ausgeben von Gebrauchswertzielen und finanziellen Überschussanforderungen. Das führte zu einem Gewinnspagat, einem umständlichen und sinnlosen Hin-und-Her-Rechnen. Sollen wir nun ein gesellschaftliches Bedürfnis befriedigen oder dem Staat einen Profit ausschütten?

---

[73] Ligatschow, ebenda.

Diese schizophrene Planung wurde von der Spitze nach unten durchgereicht, ohne offene gesellschaftliche Debatte darüber, wie die Leute leben und arbeiten wollen. Was brauchen wir? Das entscheidet das Politbüro. Und das erblasste immer mehr vor Neid angesichts der vermeintlichen finanziellen Effizienz ihrer Regierungskollegen auf der westlichen Seite des Eisernen Vorhangs. Fast logisch identifizierten sie irgendwann die Eigentumsorganisation in ihrem Machtbereich als das eigentliche Übel. Denn nur durch Nachdenken und Diskussion die Planung zu verbessern, kam ihnen nicht in den Sinn. Die Motivation zur Gewinnmaximierung konnte nur durch das Befolgen der ökonomischen Zaubergesetze stimuliert werden. Das sahen sie doch drüben auf der kapitalistischen Seite. Also ran an das „sozialistische" Eigentum, her mit Markt, Kleinbetrieben, freien Preisen, Freiheit der Produktion, ausländischen Investitionen!

Die Geldverwalter des Originalkapitalismus haben sich vor Glück in die Hosen gemacht über soviel Entgegenkommen ihrer Exfeinde.

Der gebildete politische Wille soll sich ausgerechnet über nicht willentliche, also außerhalb des Willens existierende Kategorien durchsetzen. Dieser Widerspruch kann nur jemandem nicht auffallen, der ideell in der Praxis des „verbesserten" Kapitalismus gefangen ist.

Nicht organisierte Arbeit, sondern Arbeit und Geld würden Reichtum schaffen. Wie ein göttlicher Blitz einen Waldbrand verursacht, wohnt der Arbeit ein göttlicher Wille inne, der sie motiviert und den Reichtum verursacht: das Geld.

Als Sozialist möchte ich Reichtum ohne störende Nebenwirkungen und huldige dem Gott der Arbeit, dem Geld. Ich versuche es durch Beschwörung so zu leiten, dass Reichtum genau da wächst, wo ich ihn brauche.

Wie ein Waldhüter, der zwar das verehrte Feuer möchte, nicht aber den Waldbrand, stelle ich überall Voodoo-Blitzlenkungsanlagen auf. Wenn es dann mit der Lenkungsanlage nicht richtig brennt oder wiedermal der ganze Wald abbrennt, habe ich Gottes Willen falsch verstanden und versuche andere Gebete.

Derart um die Ecke gedacht stellt sich im Nachhinein nur eine Frage. Warum haben die Freunde des Geldsozialismus so viel Blut, Schweiß und Tränen aufgewandt, um das Original ihrer schlechten Kapitalismuskopie zu bekämpfen? Als traurige Antwort bleibt eine mystische Moral der Weltverbesserer, die ihre Moral der eigentlichen Verbesserung vorgezogen haben.

Kapitel 3

Reichtum erschaffen und verwalten – in der Nachgeldwelt

1 Planung und Verwaltung

Grundlage für die Planung der Produktion und die Verteilung ist in der Nachgeldwelt die Erfassung der Bedürfnisse. Zum jetzigen Zeitpunkt muss noch darauf hingewiesen werden, dass die Bedürfnisbefriedigung in zwei Teile zerfällt.

1. Lebensnotwendige Bedürfnisse nach Wasser- und Abwasserversorgung, Nahrung, Obdach, Kleidung, medizinischer Versorgung und elementarer Bildung und Kultur.

2. Schön-zu-haben-Produkte und Leistungen, die über 1. hinausgehen.

Die Planung muss bei 1. und dem Zusammenspiel von 1. und 2. in allen teilnehmenden Gebieten zentral erfolgen. In dem Sinne, dass erst, wenn alle Menschen in den unter 1. genannten Punkten versorgt sind, über die Erwirtschaftung und Verteilung der Schön-zu-haben-Dinge entschieden werden kann. Die einzelnen Gebiete müssen untereinander Mängel ausgleichen, die daraus entstehen, dass in manchen Gebieten das Versorgungsminimum wegen Umweltkatastrophen oder geographischen Gegebenheiten zeitweise nicht produziert werden kann. Umgekehrt können in solchen Mängelgebieten spezielle Leistungen erbracht werden oder Rohstoffe gefördert werden, die woanders fehlen.
Schnell wird bei der modernen Kapazitäten- und Ressourcenlage die Grundversorgung selbstverständlich und kein Thema für Beunruhigung mehr sein. Nur die ineffektive und irrationale Geldwirtschaft verhindert die längst mögliche globale Lösung der Frage der Grundversorgung.
Ebenso ist Frage der gebietsübergreifenden Planung die Geburtenbeschränkung. Da ein umgekehrt proportionaler Zusammenhang zwischen Bildung, kulturellem Lebensniveau und Kinderzahl besteht, liegt hier der Ansatz für eine geographisch sinnvolle Bevölkerungsplanung. Das Problem einer eventuell nicht versorgbaren Zuvielbevölkerung wird sich mit der Überwindung von Armut und Unwissenheit lösen lassen, da mit den neuen Möglichkeiten jenseits der Erwerbsarbeit viele Menschen ihre

Beschäftigungen und ihre freie Zeit bewusst völlig neu planen werden. Kinderbetreuung macht Spaß. Die Frage ist nur, was von der freien Zeit und den sonstigen Interessen noch übrig bleibt, wenn man sich 24 Stunden am Tag um 12 Kinder kümmern muss.

Wichtige Aufgabe der Planung ist es, global eine durchschnittliche Arbeitszeit pro Stück oder Leistung zu ermitteln, um Arbeitsleistungen vergleichbar zu machen, solange dies noch notwendig ist. Jedes nützliche Ding enthält also dann eine Stückarbeitszeit bzw. eine zusammengesetzte Stückarbeitszeit, die Vor- und Nachbereitungszeiten miteinbeziehen muss. Manche Arbeiten sind auch extrem anstrengend, so dass nötige Zeiten zum Ausruhen mit berücksichtigt werden müssen. Die Stückarbeitszeit kann ohne die Geldwirtschaft höher sein. Es muss mehr Sorgfalt auf die Produktion von Gebrauchswert verwendet werden. Das schließt eine Rücksichtnahme auf die Schonung der Umweltbedingungen und Nachhaltigkeit ein. Andererseits liegt die Stückarbeitszeit ohne Geld da niedriger, wo auf sinnloses Beiwerk verzichtet werden kann (Werbung, aufwendige Verpackung, Hin-und-her-Transporte, identische oder ähnliche Produkte mit verschiedenen Bezeichnungen). Trotz gewaltiger Zeitspareffekte wird durch gestiegene Sorgfalt und das Vermeiden von Stress die Stückarbeitszeit zunächst etwas höher liegen als im Kapitalismus. Da ohne Rentabilitätszwang viel mehr Menschen mitarbeiten können als vorher, kann die Arbeitszeit pro Mensch und Woche schnell auf 30 und weniger Stunden sinken, es sei denn, die Leute wollen lieber länger arbeiten und mehr verbrauchen. Das bezweifele ich allerdings, weil mit dem Geld die psychologische Grundlage für abstrakten Anhäufungskonsum entfällt. Der soziale Status wird sich nach anderen Kriterien bestimmen, wie soziale Beziehungen, besondere Fähigkeiten etc.

Auf jeden Fall muss sich der monatliche und jährliche Verbrauch logischerweise an den nötigen Stückarbeitszeiten der gewünschten Produkte orientieren. Niemand kann verlangen, im Monat Produkte aus 150 Arbeitsstunden zu verbrauchen, wenn er nur 120 Stunden arbeitet. Ebenso wenig ist es möglich, die gesamte geleistete Arbeitszeit pro Mensch zu verbrauchen, da Menschen, die nicht arbeiten können (Kinder, Alte, Kranke) von allen versorgt werden.

Des Weiteren muss pauschal in Abzug gebracht werden, was nicht pro Person gerechnet werden kann, sondern gesellschaftlich bereitgestellt wird, wie öffentlicher Nahverkehr, Gesundheitswesen, Bildungseinrichtungen, technische Infrastruktur, Straßen, Strom- und Wasserleitungen, Reserven, Verwaltungsarbeit und Ähnliches.[74]

---

[74] Marx erläutert in der „Kritik des Gothaer Programms", was vom gesellschaftlichen Produkt abgezogen werden muss, bevor es zur individuellen Aufteilung kommt: „Nehmen wir zunächst das Wort Arbeitsertrag im Sinne des Produkts der Arbeit, so ist der genossenschaftliche Arbeitsertrag das gesellschaftliche Gesamtprodukt.

Die Erfassung der gebietsübergreifenden Bedürfnisse und der dafür zu veranschlagenden gesellschaftlichen Arbeitszeit ist also Aufgabe der zentralen Planung. Die Erfassung und Systematisierung der Bedürfnisse erfolgt erst durch Diskussion, die elektronisch und persönlich möglich sein muss. Wer sich nicht beteiligt, wird sich hinterher nicht beschweren können. Das führt zu einer völlig neuen gesellschaftlichen Teilnahme aller, die heutzutage passiv umher gestoßen werden. Nach Herauskristallisieren von Anträgen erfolgt Abstimmung, wenn keine Einigung erzielt wird. Für die nötigen Abstimmungen erhält jeder ein Abstimmungskonto mit exklusiver Zugangsberechtigung. Die Abstimmungen können mit verfolgt werden und Ergebnisse werden natürlich öffentlich nachvollziehbar bekannt gemacht.

Nach den nötigen Abzügen für die Basisversorgung aller und gesellschaftliche Infrastruktur kann jeder im Rahmen der verbleibenden Arbeitszeit Vorschläge zur Produktion von Schön-zu-haben-Sachen machen. Die Auszählung der Wünsche zur Produktion ist dann statistischer Natur. Das Planungsinstitut macht dann einen Produktionsvorschlag für eine 30-Stunden-Woche. Ergibt sich daraufhin Unmut über zu wenig Luxus, kann gebietsweise eine höhere

---

Davon ist nun abzuziehen: Erstens: Deckung zum Ersatz der verbrauchten Produktionsmittel. Zweitens: zusätzlicher Teil für Ausdehnung der Produktion. Drittens: Reserve- oder Assekuranzfonds gegen Mißfälle, Störungen durch Naturereignisse etc. Diese Abzüge vom ‚unverkürzten Arbeitsertrag' sind eine ökonomische Notwendigkeit, und ihre Größe ist zu bestimmen nach vorhandenen Mitteln und Kräften, zum Teil durch Wahrscheinlichkeitsrechnung, aber sie sind in keiner Weise aus der Gerechtigkeit kalkulierbar. Bleibt der andere Teil des Gesamtprodukts, bestimmt, als Konsumtionsmittel zu dienen. Bevor es zur individuellen Teilung kommt, geht hiervon wieder ab: Erstens: die allgemeine, nicht direkt zur Produktion gehörigen Verwaltungskosten. Dieser Teil wird von vornherein aufs bedeutendste beschränkt im Vergleich zur jetzigen Gesellschaft und vermindert sich im selben Maß, als die neue Gesellschaft sich entwickelt. Zweitens: was zur gemeinschaftlichen Befriedigung von Bedürfnissen bestimmt ist, wie Schulen, Gesundheitsvorrichtungen etc. Dieser Teil wächst von vornherein bedeutend im Vergleich zur jetzigen Gesellschaft und nimmt im selben Maß zu, wie die neue Gesellschaft sich entwickelt. Drittens: Fonds für Arbeitsunfähige etc., kurz, für, was heute zur sog. offiziellen Armenpflege gehört. Erst jetzt kommen wir zu der ‚Verteilung', die das Programm, unter Lassalleschem Einfluß, bornierterweise allein ins Auge faßt, nämlich an den Teil der Konsumtionsmittel, der unter die individuellen Produzenten der Genossenschaft verteilt wird. Der ‚unverkürzte Arbeitsertrag' hat sich unterderhand bereits in den ‚verkürzten' verwandelt, obgleich, was dem Produzenten in seiner Eigenschaft als Privatindividuum entgeht, ihm direkt oder indirekt in seiner Eigenschaft als Gesellschaftsglied zugut kommt. Wie die Phrase des ‚unverkürzten Arbeitsertrags' verschwunden ist, verschwindet jetzt die Phrase des ‚Arbeitsertrags' überhaupt." MEW Bd.19, S.18-19

Arbeitszeit festgelegt werden, so dass Menschen die Möglichkeit haben, in fleißige Gebiete mit mehr Arbeitszeit und mehr Zugriff auf Konsum zu gehen oder in faule Gebiete mit weniger von beidem, al gusto.

Abstimmungsrecht in seinem Gebiet erhält man nach einer Sperrfrist, in alltäglichen Fragen vielleicht nach 6 Monaten, in entscheidenden Fragen für alle Gebietsbewohner vielleicht nach 2 Jahren. Die Einteilung der Gebiete erfolgt nach Nützlichkeitsprinzipien und keinesfalls nach Herkunft oder Tradition von Menschen. Dass ambitionierte Politiker religiöse oder nationale Gegensätze ausbauen, um dann mit ihnen Menschen für Märkte und Kapital aufeinander zu hetzen, gehört der Vorgeschichte der Menschheit an und nicht in ihre Nachgeldgesellschaft. Die Gebietsverwaltungen legen eine oder evtl. mehrere Amtssprachen fest, die jeder erlernen muss, um an Entscheidungsprozessen teilnehmen zu können.

Die Produktion von Energie und die Bereitstellung von großen Transportwegen und Transportmitteln ist eine Frage der globalen Planung. Andere Dinge, wie die Bereitstellung von Nahrungsmitteln, Kleidung, Kultur und Bildungsangeboten können im Detail in den Gebieten entschieden werden. Die Verwaltung teilt sich in die Zuständigkeiten nach Sektoren auf (Industrieproduktion, Energie, Landwirtschaft, Sicherheit, Verkehr, Kultur, Bildung, Planung, Öffentliche Kommunikation). Unabhängig davon wird in jedem Gebiet ein Kontrollinstitut eingerichtet, in welches in Intervallen Arbeitende aus allen Bereichen gewählt werden, die dafür eine Minderung ihrer eigentlichen Arbeitszeit erhalten. In dieser Zeit kontrollieren sie die Einhaltung der Volksbeschlüsse aus den Abstimmungen. Das Kontrollinstitut erstellt monatliche und jährliche Berichte, die für alle einsehbar sind und Verbesserungsvorschläge für die nächste Vollversammlung enthalten.

Alle Verwaltungspositionen sind auf Zeit, die höheren durch Wahl zu besetzen. Abwahl ist mit höherer Mehrheitsentscheidung im Gebiet möglich (Vielleicht mit 70%).

Die Polizei hält die öffentliche Ordnung aufrecht, indem sie die körperliche Unversehrtheit von Menschen schützt, wo dies überhaupt nötig ist, und die Zerstörung und Verschmutzung von öffentlichem Gut verhindert. Wer einen Menschen tötet oder schwer verletzt, sollte unter menschlichen Bedingungen eingesperrt werden, wo er arbeiten muss. Alle anderen Verstöße gegen die selbst gegebenen öffentlichen Regeln werden mit zusätzlicher Arbeit geahndet bzw. mit Entzug von Leistungen.

Die Verwaltung entscheidet über die Verteilung von Wohnraum streng nach Bedarf (Kinder, Pflegebedürftige, Lebensalter). Erholungsmöglichkeiten werden je nach Nachfrage in Rotation zeitweise zur Verfügung gestellt. Prämien für besondere Leistungen sind möglich.

2 Organisation der äquivalentlosen und äquivalenthaften Verteilung

Die Organisation der Verteilung von Gütern und Leistungen erfolgt über:

1. Äquivalentlose Verteilung

2. Äquivalenthafte Verteilung

Zu 1.) Äquivalentlose Verteilung
Zunächst kann die Verteilung vieler Produkte menschlicher Arbeit nicht schrankenlos sein. Eine gleichmäßige Verteilung von Konsumgütern an alle Menschen wäre nicht gewährleistet, weil nicht sofort alles Gewünschte für alle da ist, und außerdem die Wünsche im Nachgang des kapitalistischen Habenwollens noch bei vielen in einer abstrakten Maßlosigkeit schweben. Die Verteilung erfolgt daher in vielen Bereichen über Digits (Verbrauchspunkte), die über die Arbeitsstellen bzw. Sozialverwaltungen ausgegeben werden. Dazu mehr und genauer im folgenden Kapitel.

In anderen Bereichen ist eine Rationierung nicht nötig und man hebt sie auf, soweit das möglich ist. Äquivalentlos können sich die Nachgeldmenschen hier mit Leistungen und Dingen versorgen, die aus dem Schatz der allgemeinen Arbeitsleistung geschöpft werden. Überall dort, wo übermäßiger Gebrauch keinen Nutzen bringt bzw. auch keinen nennenswerten Schaden anrichtet, kann äquivalentlos verteilt werden. Unter Umständen macht eine zeitliche Beschränkung Sinn (z.B. bei Sporteinrichtungen).

Die äquivalentlose Verteilung macht Sinn bei der Verteilung von Wohnraum, die nach festgelegten Kriterien der Bedürftigkeit an Arbeitende und Arbeitsunfähige erfolgt.

Sie macht Sinn im öffentlichen Nahverkehr. Niemand wird endlos U-Bahn fahren, nur weil das nichts kostet, weshalb auch heute schon Monatstickets möglich sind[75].

Ebenso verhält es sich mit Bildungsangeboten und medizinischer Versorgung. Niemand wird sich am Blinddarm operieren lassen, weil es keine Digits kostet. Die Medikamentenausgabe liegt in der Verantwortung des Arztes und des Patienten, die nichts daran verdienen und deswegen verantwortungsbewusst damit umgehen und Übermedikation vermeiden werden.

Kinderbetreuung, Schule und Weiterbildung kosten nichts - eine Selbstverständlichkeit der neuen Menschenwelt. Niemand wird ewig

---

[75] Und wer in Berlin würde sie nicht gerne loswerden, die deplatzierten Gestalten in billigem Zivil mit den betretenen Gesichtern, die zur Vermeidung des eigenen sozialen Abstiegs sich hergeben, um gefühlte 100.000 Mal am Tag „die Fahrkarten zur Kontrolle bitte" zu lallen und arme Würstchen ohne Fahrkarte festzuhalten.

in der Bibliothek sitzen, weil das umsonst ist. Zugang zu Büchern, Zeitungen und Information kann also äquivalentlos sein, vielleicht bei Ausleihe u.Ä. mit Zeitlimit.

Naherholungseinrichtungen sind für alle da, zwar auch mit Zeitlimit, aber äquivalentlos.

Kulturelle Angebote können je nach Nachfrage frei sein bzw. reservierungspflichtig. Auch selbst ernten, selbst Güter produzieren kann ein Event darstellen. Wer Lust hat, sein Brot selbst zu backen, sollte dafür in öffentlichen Einrichtungen die Möglichkeit haben. Dasselbe trifft auf Fischen, Schreinern, Schmieden, Weben, Töpfern etc. zu, kurz auf jede produktive Tätigkeit, die dadurch den Charakter der abgeteilten, entfremdeten Privatarbeit verliert und Kultur wird. Zeit ist durch die geringer werdende notwendige Arbeitszeit genug da. Unter fachkundiger Anleitung können sich Menschen so eine wirklich individuelle Umgebung schaffen[76].

Während man bei den Konsumleistungen schnell zur äquivalentlosen oder nahezu äquivalentlosen Verteilung übergehen kann, ist das bei Konsumgegenständen schwieriger. Selbst wenn Engpässe durch Hobbyproduktion entschärft werden, verschwinden sie erst langsam. Fassen die Verbraucher Vertrauen zu regelmäßiger Versorgung,

---

[76] Vgl. hierzu Marx und Engels: „Ferner ist mit der Teilung der Arbeit zugleich der Widerspruch zwischen dem Interesse des einzelnen Individuums oder der einzelnen Familie und dem gemeinschaftlichen Interesse aller Individuen, die miteinander verkehren, gegeben; und zwar existiert dies gemeinschaftliche Interesse nicht bloß in der Vorstellung, als ‚Allgemeines‘, sondern zuerst in der Wirklichkeit als gegenseitige Abhängigkeit der Individuen, unter denen die Arbeit geteilt ist. Und endlich bietet uns die Teilung der Arbeit gleich das erste Beispiel davon dar, daß, solange die Menschen sich in der naturwüchsigen Gesellschaft befinden, solange also die Spaltung zwischen dem besondern und gemeinsamen Interesse existiert, solange die Tätigkeit also nicht freiwillig, sondern naturwüchsig geteilt ist, die eigne Tat des Menschen ihm zu einer fremden, gegenüberstehenden Macht wird, die ihn unterjocht, statt daß er sie beherrscht. Sowie nämlich die Arbeit verteilt zu werden anfängt, hat Jeder einen bestimmten ausschließlichen Kreis der Tätigkeit, der ihm aufgedrängt wird, aus dem er nicht heraus kann; er ist Jäger, Fischer oder Hirt oder kritischer Kritiker und muß es bleiben, wenn er nicht die Mittel zum Leben verlieren will - während in der kommunistischen Gesellschaft, wo Jeder nicht einen ausschließlichen Kreis der Tätigkeit hat, sondern sich in jedem beliebigen Zweige ausbilden kann, die Gesellschaft die allgemeine Produktion regelt und mir eben dadurch möglich macht, heute dies, morgen jenes zu tun, morgens zu jagen, nachmittags zu fischen, abends Viehzucht zu treiben, nach dem Essen zu kritisieren, wie ich gerade Lust habe, ohne je Jäger, Fischer, Hirt oder Kritiker zu werden. Dieses Sichfestsetzen der sozialen Tätigkeit, diese Konsolidation unsres eignen Produkts zu einer sachlichen Gewalt über uns, die unsrer Kontrolle entwächst, unsre Erwartungen durchkreuzt, unsre Berechnungen zunichte macht, ist eines der Hauptmomente in der bisherigen geschichtlichen Entwicklung, ...“ Marx/ Engels, Die Deutsche Ideologie, (1975-1978), MEW Bd. 3, S. 32-33

greifen sie nicht mehr vorsorglich und übermäßig zu und machen so eine gleichmäßige Verteilung eher möglich.

Im Prinzip braucht niemand auf mittlere Sicht mehr als 1-2 Gläser Pflaumenmus. Eine Beschränkung auf eine bestimmte Verbrauchsmenge pro Kopf z.B. eines Glases äquivalentlosen Pflaumenmuses pro Woche könnte die Ausgabe regeln, ohne dass man Digits verwenden müsste. Dies würde aber den Eindruck des Mangels verfestigen und man könnte nie mehr Pflaumenmus unrationiert freigeben, weil die Leute den Wahn entwickeln, sie müssten sich mit Mangelpflaumenmus eindecken und im Keller die Paletten stapeln, was dann einen tatsächlichen Mangel herstellen würde. Hat sich also ein regelmäßiger Verbrauch mit der Versorgungslage harmonisiert, sollte man gleich die unrationierte, nicht digitgebundene Freigabe testen mit der Drohung, diese bei verschwenderischem Zugriff wieder rückgängig zu machen.

Trotzdem kann bei vielen Gegenständen geringer Nachfrage eine Kopfpauschale des möglichen Verbrauchs die Lösung einer frühen Freigabe sein. Wer mehr möchte als beispielsweise zwei Fußabtreter, muss eben für Digits weitere dazu erwerben.

Eine Selbstregulierung wird sich sukzessive einstellen. Mehr und mehr und am Ende fast alle nützlichen Dinge und Leistungen können äquivalentlos verteilt werden. Und, wie Winstanley sagt:

„Eine solche freie Handhabung wird das Ende der Habsucht, der Hoffart und der Bedrückung sein, denn solange die Menschen ein Gesetz zu Kaufen und Verkaufen haben, solange werden auch, wie ich schon sagte, die listigen Betrüger durch die Arbeit anderer Menschen große Besitzungen erwerben und den erlangten Reichtum dazu nutzen, ihre Brüder als Herren zu unterdrücken, wovon all unser Streit und Zwist auf der Welt kommt."[77]

Zu 2.) Äquivalenthafte Verteilung

Um die Arbeitszeit für alle in Grenzen zu halten, muss auch der Verbrauch in Grenzen gehalten werden. Natürlich könnte man in jedem Zimmer ein Klo haben und auf dem Balkon den 5. Fernseher. Sinnvoll ist das im Vergleich zum Aufwand aber nicht. Um aufwendiger, verschwenderischer Dekadenz vorzubeugen, wird die Ausgabe von Fernsehern an die Leute so lange wie nötig beschränkt. Andererseits ist es die Entscheidung aller, ob sie lieber 30 Wochenstunden arbeiten mit einem Fernseher pro Wohnung oder 35 Stunden mit drei Fernsehern pro Wohnung. Man kann auch über Mehrarbeit Einzelner nachdenken, die dann mit mehr Digits mehr erwerben können. Hier muss jedoch eine Beschränkung greifen, denn wahnhaftes, gieriges Mehrarbeiten zerstört die soziale Atmosphäre.

Die äquivalenthafte Verteilung beruht auf dem vom kapitalistischen Kreditkartenwesen bereits vorbereiteten bargeldlosen Verkehr. Über die Arbeitsstelle oder die Sozialverwaltungen bei nicht arbeitsfähigen

---

[77] Winstanley (1983), S.258.

Personen werden pro Person Digits verteilt, die beim digitpflichtigen Verkauf abgezogen werden. Digits sind personengebunden und nicht übertragbar. In der Regel wird hier ein elektronisches Abzugssystem funktionieren, mit Karten wie bei Kreditkarten.

Prinzipiell bestünde auch die Möglichkeit der Ausgabe von Bardigits, was allerdings einen sehr hohen Aufwand verursachen würde und die Ausnahme sein sollte. In entlegenen, nicht mit Strom und damit Telekommunikation zu versorgenden Gebieten können im Voraus Papierdigits ausgegeben werden. Dabei müsste sich der Inhaber der personengebundenen Digits allerdings ausweisen, was eine zusätzliche Last darstellt.

Alle einzelnen nachgefragten Gebrauchsgüter sind digitpflichtig. Die Digitpflicht reduziert sich je nach stabiler Versorgung und kontrollierbarer Nachfrage. Das bedeutet, je besser eine Nachfrage nach Leistungen oder Dingen kalkulierbar wird, umso geringer die Anzahl der erforderlichen Digits und umso höher der Anteil, den man pauschal vom Gesamtarbeitsprodukt dafür abziehen kann. Sobald jeder weiß, dass er jederzeit nehmen kann, was er braucht, ist Rationierung sukzessive überflüssig. Im Grunde ein Prozess der Vertrauensbildung, der bei Misstrauen anfängt und bei entspannter Verlässlichkeit aufhört, und bei dem keine Eile besteht. Die Leute bestimmen durch ihr Verbrauchsverhalten selbst, wie schnell und welche Dinge ohne Einschränkungen verfügbar sein können.

Kapitel 4

Digits - Bestimmung eines Novums

1 Zugang und Verrechnung

Karl Marx hat einen Vorschlag:
„Das Geldkapital fällt bei gesellschaftlicher Produktion fort. Die Gesellschaft verteilt Arbeitskraft und Produktionsmittel in die verschiedenen Geschäftszweige. Die Produzenten mögen meinetwegen papierne Anweisungen erhalten, wofür sie den gesellschaftlichen Konsumtionsvorräten ein ihrer Arbeitszeit entsprechendes Quantum entziehn. Diese Anweisungen sind kein Geld. Sie zirkulieren nicht."[78]
Meinetwegen? Dann sehen wir, ob auch unseretwegen. Nur dass das Geldkapital nicht „fortfällt", sondern mühsam abgeschafft werden muss. Erst dann kann es meinetwegen weiter gehen.
Digits sind Verbrauchspunkte, von denen jeder über seine Arbeitsstelle oder die Sozialverwaltung eine bestimmte Menge pro Monat erhält. Sie stellen einen Anteil an der produzierten Gesamtleistung der Gesellschaft in den Gebieten dar. Als Berechnungsgrundlage gilt die Stückarbeitszeit. Die Gesamtsumme der Stückarbeitszeiten stellt den möglichen Maximalverbrauch dar. Ein Mehrverbrauch über diese Grenze ist naturgemäß nicht möglich. Überdies muss vom möglichen Einzelverbrauch, wie schon erwähnt, ein Instandhaltungs- und Vorsorgeteil abgezogen werden sowie alles, was digitfrei durch alle genutzt wird. Also die mögliche Anzahl der insgesamt auszugebenden Verbrauchspunkte mindert sich um alle Leistungen und Produkte, die bereits äquivalentlos verteilt werden.
In jedem Gebiet wird eine Regelarbeitszeit festgelegt, beispielsweise 30 Stunden. Dieser Regelarbeitszeit, welche alle Vor- und Nachbereitungen und allgemeinverbindliche Pausen einschließt, entspricht eine Digitsumme, die jeder erhält, der diese Arbeitszeit abgeleistet hat. Abweichende Arbeitszeiten sollen die Ausnahme bilden, die nur auf Grund arbeitsstruktureller Erfordernisse (Nachtschicht bei der Bahn) oder persönlicher Erfordernisse (zu pflegende Angehörige) eingerichtet wird. Andere Möglichkeiten von Teilzeit muss die Gemeinschaft im Einvernehmen entscheiden. Es wäre zum Beispiel überlegenswert, ob Menschen einer Lebensgemeinschaft zeitweise länger, dafür ein anderer der

---

[78] MEW Bd. 24, S.358.

Gemeinschaft kürzer arbeiten kann. Voraussetzung ist der entsprechende Bedarf des Betriebes. Für Kinder gibt es einen Digitzuschlag an die betreuende Person oder Personen. Alte Menschen ab einem bestimmten Alter erhalten dann Ruhedigits über die Sozialverwaltung, wobei individuelle Arbeitsmöglichkeiten auf Wunsch offen bleiben, da die Erfahrungen Älterer der Gesellschaft extrem nützlich sind - quasi das Kontrastprogramm zur verlogenen bürgerlichen Moral, die von alten Leuten längere Lebensarbeitszeit verlangt, während die Firmen sie als weniger leistungsfähig einstufen und früh entlassen, um dann Alte als Belastung für das soziale System hinzustellen.

Die Digitanzahl pro Monat muss zu einem gewissen Prozentsatz verbraucht werden. Sonst ist Planung unmöglich. Dieser Satz sollte vielleicht bei 70% oder besser mehr liegen. Maximal 30% könnte man dann für größere Anschaffungen zurücklegen. Der Rest der Digits verfällt zugunsten aller. Wenn Gebrauchsgüter übrig sind, kann man die Digitzahl zum Erwerb drastisch senken oder die Dinge nach Ausschreibung verschenken. Davon produziert man künftig weniger.

Große Güter wie Autos, Boote, Fahrräder stellen die Kommunen gegen geringe Digitzahl zur Ausleihe bereit. Diese Praxis verringert den persönlichen Besitz so weit wie möglich und auf umweltfreundliche Art und spart Platz und Stress. Bei individuellem Erwerb solcher aufwendigen Konsumprodukte wird in der Anfangszeit eine Wartezeit nötig sein, die sich durchaus mit dem Digitsparen deckt. Wartet man z.B. zu Beginn auf ein Auto 6 Jahre, wird dadurch niemand geschädigt, denn öfter muss niemand ein Auto wechseln. Wenn sich zwei oder mehr zusammentun, könnte man trotzdem schneller sein Produkt bekommen. Insgesamt wird sich aber die Wegwerfgesellschaft und die kapitalistische Verschleißproduktion mit ihren Pseudomodernisierungen überlebt haben. Dass ein Kühlschrank 40 Jahre und länger hält, ist möglich[79]. Die Produktion, die am Geldverdienen nicht interessiert ist, dafür aber am Senken des Aufwandes, wird sehr viel nachhaltiger Gebrauchsgegenstände herstellen. Neuanschaffungen zögern sich weit hinaus.

Wichtiger als die unmittelbare Wunschbefriedigung (Sehen-Habenwollen), die ohnehin nur für wenige und weniges realisierbar ist, wird die gesellschaftliche Kalkulation. Diese wird Produktionsmethoden anstreben, welche als Ziel die geringstmögliche, also die 0-Umweltschädigung haben.

Während heute ein Drittel oder mehr des Einkommens für Wohnzwecke verwendet wird, ist in der Nachgeldwelt eine äquivalentlose Bereitstellung von Wohnraum der effektivste Weg zur Bedürfnisbefriedigung. Kriterium der Vergabe ist allein die

---

[79] Zeuge: ich, der ich im Jahr 2011 bei einer alten Frau aus der Nachbarschaft einen DDR-Kühlschrank aus den 70-er Jahren entdeckt habe, der einwandfrei funktionierte.

Dringlichkeit. Die Verdrängung von Schlechtverdienern und die Ansammlung von Erben und 40-jährigen Allesrichtigmachern in bestimmten Stadtvierteln oder in Stadtrandvillen hat sich erledigt. Verdienstunterschiede und soziale Privilegien für Lieblingsbürger des bürgerlich-kapitalistischen Staates sind aufgehoben. Vielleicht wird manchem sein gutes Gefühl fehlen, besser als die anderen zu wissen, was für die Welt gut ist, sein Kiez-Bio-Fair-Trade-Einkauf mit dem guten Gewissen als im Preis inbegriffenem Bonus - uns und den meisten kann das egal sein. Ab jetzt ist alles Bio und fairen Handel braucht keiner mehr, weil kein betrügerischer Handel, gar kein Handel mehr stattfindet, sondern nur Planung, Produktion und Transport.
Der Verbrauch von Wasser, Heizung, Strom, Müll etc. wird zwecks verantwortungsvollen Verbrauchs weiter über Digits abgerechnet.
In jeder Güterausgabestelle und Leistungsabteilung sind nach heutigem Vorbild der Kartenlesegeräte mindestens 2 elektronische Digitverrechner vorhanden. Alle teilnehmenden Gebiete können also gegenseitig verrechnen. Das, was heute in den Industrie- und Finanzländern „Tourismus" heißt, ist genauer zu regeln. Ein unkalkulierbarer Verbrauch (auch digitgebunden) würde in manchen Orten das lokale System sprengen. Das heißt nicht, dass die Leute nicht dahin fahren können, wo sie wollen. Jedoch sind Leistungen, soweit das möglich ist, im Voraus zu buchen. Viele Dinge sind natürlich keine Leistung im strengen Sinne, wie ein Blick auf den Sonnenuntergang, eine Wanderung oder am Meer sitzen. Das bleibt sowieso der Spontanität überlassen. Jedenfalls verträgt eine Insel wie Fernando de Noronha nicht 1000 Touristen auf einmal und der Zugang wird auch heute schon über Anmeldelisten eingeschränkt.
Jeder hat ein Digitkonto welches er per Internetbanking jederzeit einsehen kann. Die Betreuung der Konten erfolgt ortsgebunden und ein persönliches oder papiergebundenes Vorsprechen ist an Servicestellen möglich.
Nicht mehr benötigte Gebrauchsgüter können in Kramläden zur Wiederverwendung oder zum Recycling zurückgegeben werden. Ist eine Weiterverwendung möglich, sollte man über eine kleine Digitgutschrift bzw. Tauschpunkte nachdenken. Der Erwerb im Kramladen ist durch Zustand, Angebot und Nachfrage über kleine Digitbeträge (oder für umsonst) geregelt.

2 Was man sich nun damit ersparen kann

Die Verteidiger des heutigen ökonomischen Systems gehen gegen neue Vorschläge zur Organisation der Gesellschaft, die über ihren Kapitalismus hinausweisen, zweierlei vor. Zuerst geben sie, gar nicht dumm, einige Symptome ihrer Lieblingswelt als durchaus übel zu. Dann kommt ein in die Länge gezogenes „eigentlich". Denn so war das nicht gedacht. Eigentlich müsste man … es sollte eigentlich anders laufen, aber ... der und der hat Schuld, dass ein eigentlich effektives System aktuell seine Fehlerchen hat. Geistig an Symptomen herumzudoktern, ohne die Krankheit zu benennen, ist ihre Spezialität. Das zweite Totschlagargument ist die menschliche Natur, für die der Kapitalismus trotz aller Fehler die am besten geeignete Wirtschaftsform ist[80]. Dafür, dass sie angeblich die Natur des Menschen kennen, führen sie nur ein Argument an, nämlich den Ist-Zustand. Schaut euch doch um! Die Menschen sind, wie sie sind, weil sie von Natur aus so sind. Warum sind sie von Natur aus so? Ihr seht doch, wie sie sind... und weiter mit Zirkelschlüssen bis zur Unendlichkeit. Sartre hat dem entgegnet, dass der Mensch nichts anderes ist, als wozu er sich macht[81].

„Was bedeutet hier, dass die Existenz der Essenz vorausgeht? Es bedeutet, dass der Mensch zuerst existiert, sich begegnet, in der Welt auftaucht und sich *danach* definiert. Wenn der Mensch, so wie ihn der Existentialist begreift, nicht definierbar ist, so darum, weil er anfangs überhaupt nichts ist. Er wird erst in der weiteren Folge sein, und er wird so sein, wie er sich geschaffen haben wird. Also gibt es keine menschliche Natur, da es keinen Gott gibt, um sie zu entwerfen. Der Mensch ist lediglich so, wie er sich konzipiert - ja nicht allein so, sondern wie er sich will und wie er sich nach der Existenz konzipiert, wie er sich will nach diesem Sichschwingen auf die Existenz hin; der Mensch ist nichts anderes, als wozu er sich macht.“

Dem ist hinzuzufügen, dass die Menschen durch ihre Wechselwirkung mit der Natur Produktionsverhältnisse eingehen und, ab dem Erreichen eines Mehrproduktes über ihrem unmittelbaren Bedarf, auch Eigentumsverhältnisse. Diese entstehen naturwüchsig (Keiner hat sich genau überlegt: So wollen wir das jetzt und das ist die vernünftigste Lösung.), weshalb sich nicht jeder neu und unabhängig schafft, obwohl das theoretisch möglich wäre. Nein, wir folgen in der Regel der Ordnung, in die wir hineingeboren werden. Wir folgen ihr auf fatale Weise, bis Umstände eintreten, die das unmöglich machen oder wir das nicht mehr so wollen oder wir sterben.

Insofern können wir zwar die Zukunft planen und z.B. das Geld abschaffen, aber Menschen können ihre Zukunft auch innerhalb der Unwägbarkeiten des kapitalistischen Systems, quasi als abhängige Komponente der Tollheiten der Geldwirtschaft „planen“. Frei - sind sie also wie ein zum Tode Verurteilter, der frei zwischen Selbstmord und Hinrichtung wählt, anstatt die Gitterstäbe durchzusägen. Es sei

---

[80] Dabei mogeln sie uns meistens die Demokratie mit unter, als ob diese fast automatisch die politische Form des Kapitalismus wäre. In Wirklichkeit ist den Kapitalfreunden die Staatsform egal, solange der Dollar rollt. Demokratie nutzen sie, wenn das Staatsvolk sich angepasst und ruhig verhält. Ansonsten greifen sie zu jeder Form von Diktatur oder unterstützen diese bei anderen (Hitler, Pinochet, Apartheid in Südafrika, Feudalregime wie in Saudi-Arabien usw. usf.)

[81] Sartre (1989), S.11f.

denn, Menschen übernehmen für sich die Verantwortung an Stelle des „Man".

„ Aber was wollen wir denn damit anderes sagen, als dass der Mensch eine größere Würde hat als der Stein oder der Tisch? Denn wir wollen sagen, dass der Mensch zuerst existiert, das heißt, dass er zuerst (etwas) ist, was sich in seine Zukunft hinwirft und was sich bewußt ist, sich in der Zukunft zu planen. (...)Aber wenn wirklich die Existenz der Essenz vorausgeht, so ist der Mensch verantwortlich für das, was er ist."[82]

Diese Verantwortung zu tragen ist für viele noch undenkbar, weil sie durch ihr Hineingeborensein in die Entscheidungen anderer gewohnt sind, Verantwortung für sich auf andere abzuschieben. Egal, ob das ewig zu Ihrem Nachteil ist. Ich darf doch nicht ...

„Dostojewskij hatte geschrieben: ‚Wenn Gott nicht existiert, so wäre alles erlaubt'. Das ist der Ausgangspunkt des Existentialismus. In der Tat, alles ist erlaubt, wenn Gott nicht existiert, und demzufolge ist der Mensch verlassen, da er weder in sich noch außerhalb seiner eine Möglichkeit findet, sich anzuklammern. Vor allem findet er keine Entschuldigungen. Geht tatsächlich die Existenz der Essenz voraus, so kann man nie durch Bezugnahme auf eine gegebene und feststehende menschliche Natur Erklärungen geben, anders gesagt, es gibt keine Vorausbestimmung mehr, der Mensch ist frei, der Mensch ist Freiheit."[83]

Für Gott könnte man auch Autorität sagen. Autorität aber entsteht nur durch unsere Disziplin und Anerkennung von Macht. Der Glaube an Autorität ist das vorweggenommene Sichbeugen vor der vorgefühlten Gewalt, wodurch sich der Einsatz dieser Gewalt durch die Mächtigen in vielen Fällen schon erübrigt. Das wiederum macht die Macht von wenigen über viele erst möglich, indem sie uns Werte aufzwingen, an welche sie sich selbst nicht halten müssen. Aber:

„Wenn wiederum Gott nicht existiert, so finden wir uns keinen Werten, keinen Geboten gegenüber , die unser Betragen rechtfertigen. So haben wir weder hinter uns noch vor uns, im Lichtreich der Werte, Rechtfertigungen oder Entschuldigungen. Das ist es, was ich durch das Wort ausdrücken will: Der Mensch ist verurteilt, frei zu sein. Verurteilt, weil er sich nicht selbst erschaffen hat, andererseits aber dennoch frei, da er, einmal in die Welt geworfen, für alles verantwortlich, was er tut."[84]

Der Mensch ist zur Freiheit verurteilt und er ist verantwortlich für alles, was er tut. Freiheit und Verantwortung ermöglichen erst, dass man beide auch weggeben kann. Würde man sie wahrnehmen, als Wahrheit verstehen und realisieren, könnte man sich und der Welt der

---

[82] Sartre (1989), S.12
[83] Sartre (1989), S.12
[84] Sartre (1989), S. 16

Menschen eine Menge an unangenehmem Dreck ersparen oder andersherum: gut leben.
Werfen wir einen Blick auf die Dinge, die wir uns sparen können.

• Durch die Nichtübertragbarkeit der Verbrauchspunkte erspart man sich Finanzgeschäfte jeder Art zwischen Menschen. Diese treten sich nicht mehr als ökonomische Charaktermasken gegenüber, sondern als sie selber. Die Entfremdung der menschlichen Kontakte entfällt („Was kostet eine Stunde mit dir? " oder „Papa, ich habe gegen dich einen Unterhaltstitel.") Sex und Geld hatten nie etwas miteinander zu tun. Nun wird auch niemand mehr versuchen beides im Geiste und in einer verklemmten Beziehung zu verbinden (Balzac und Zola müssen neue Themen suchen).

• Mann und Frau treten sich also gleichberechtigt und aus Lust gegenüber, nicht aus Vorsorge- und Unterhaltserwägungen. Der Satz „Ich liebe dich! ! " verliert seinen drohenden besitzanzeigenden Charakter.

• Man kann keinen abstrakten Reichtum mehr anhäufen, weil er keinen Ausdruck mehr hat. Ohne Geld gibt es auch keinen Geldfetisch und die Geldsucher und - sammler müssen sich etwas Neues suchen (armer Dagobert Duck und armer Mr. Krabs). Das Wort Schatz bekommt eine völlig neue Bedeutung.

• Menschliche Gier wird wieder endlich, da uferloses Anhäufen von Reichtum unmöglich ist. Die Gier nach allgemeinen Äquivalenten wird abgelöst durch den Wunsch nach Dingen, der sich in ihrem Gebrauch befriedigen lässt, während sich die Gier nach Äquivalenten nie abschließend befriedigen lässt. In die Köpfe zieht in dieser Beziehung Ruhe ein.

• Raub wird wenig einträglich und anstrengend, da durch begrenzte Transport- und Tauschmöglichkeiten von reinen Gebrauchsgegenständen die Menge von Raubgut extrem sinkt.

• Die Ausbeutung fremder Arbeit ist nun unmöglich, da niemand Produktionsmittel kaufen oder besitzen kann. Und womit sollte er Lohn zahlen?

• Arbeitslosigkeit im heutigen Sinn entfällt, weil alle gesellschaftlich nützlichen Tätigkeiten auf alle verteilt werden. Je mehr Leute mitarbeiten, umso kürzer wird also die Pflichtarbeitszeit für alle bei gleichbleibendem Luxus. Diesen komfortablen Zustand kann der Kapitalismus wegen seiner Impotenz bei der nützlichen Planung nicht herstellen.

• Eine umweltschädliche Ressourcenausbeutung zur Profitmaximierung wird sinnlos. Folgt die Produktion der Planung,

fällt die notwendige Reduzierung der Produktionskosten weg. Und
ohne Konkurrenz kann man den notwendigen gesellschaftlichen
Aufwand betreiben, der zu minimaler Umweltbelastung führt. Wir
wollen auch morgen noch baden.

• Geld als Ausschlusskriterium fällt weg. Niemand wird aus
finanziellen Gründen verhungern oder nicht vom Arzt behandelt.

• Kredite, Überschuldung, Erbstreitigkeiten entfallen, ebenso die
Spielsucht, auch wenn das Spiel bleibt.

• Wer wird sich die Mühe machen Drogen zu produzieren, wenn
man kein allgemeines Äquivalent damit verdienen kann? Welche
Drogen wir nehmen wollen, entscheiden wir und nicht die Anbieter,
deren kriminelle Aktivitäten dann wegfallen.

• Rüstung und Krieg untereinander wegen Profit, Absatzmärkten
und Rohstoffquellen sparen sich alle innerhalb der teilnehmenden
Gebiete.

• Ohne die entsprechende Profiteure-Lobby sparen wir uns
Kernkraftwerke und Verstrahlung, Kohlekraftwerke und Erstickung
mit Erderwärmung.

• Ohne finanziellen Nutzen aus der Dummheit anderer entfallen die
Verdummungskampagnen der Reichen und Mächtigen, was gequälten
Hirnen endlich Erleichterung verschafft.

Kapitel 5

Gesellschaftliche Arbeit

1 Soziales, Arbeitszwang und Faulheit

Damit jemand arbeiten kann, muss er physisch und psychisch dazu fähig sein. Ist die Fähigkeit nicht gegeben, erhält er von der Gemeinschaft die Dinge, derer er bedarf. Bei der Arbeitsfähigkeit gibt es Abstufungen, etwa bei einem Zustand, der nur Teilzeittätigkeiten erlaubt. Das wird ärztlich festgestellt. Grundsätzlich ergreift die Gesellschaft alle Maßnahmen, um eine Integration in die Welt von Kultur und Arbeit zu ermöglichen und vermeidet das Aussortieren von Kranken. Jeder kann krank werden. Deshalb sorgen sich alle, wenn es einen trifft. Solidarität macht Sinn, nicht nur aus Mitgefühl.

Bei Eltern ist die Kinderbetreuung außer Haus oder zur Not zu Hause zu gewährleisten. Nach der Geburt bleibt einer von beiden Erzeugern eine Zeitlang beim Baby ohne zu arbeiten (vielleicht ein halbes Jahr). Danach verringert sich die tägliche Arbeitszeit pro Kind um mindestens 10% für einen Elternteil. Kinderbetreuung wandelt sich von einem lästigen Kostenfaktor und potentiellen Einsparbereich zu einer gemeinschaftlichen Aufgabe, die wir ab dann inhaltlich betrachten und nicht quantitativ.

Ähnliche Bedingungen gelten für die Pflege von Angehörigen unter Berücksichtigung der konkreten Fälle. Betreuungsarbeit ist für alle wichtig und wer den Gesamtaufwand der Gesellschaft im sozialen Bereich reduzieren hilft, muss von anderen Arbeitsaufgaben entlastet werden. Das wird nun möglich, da die Arbeit gesellschaftlich geplant wird und kein Konflikt mit einem privaten Unternehmer entsteht, der immer jammert, weil er Lohn zahlen soll, obwohl die pflegenden Angehörigen nicht richtig arbeiten. Den bürgerlichen Staat interessierte es schon gar nicht, ob Einzelne verrecken oder unter welchen Bedingungen sie dahinvegetieren, solange das Pflegeheim als Ort der humanitären Katastrophe den Kapitalumschlag nicht behindert.

Ohne Gelddruck ist die Wertschätzung dieser gesellschaftlich notwendigen Tätigkeiten nun selbstverständlich und entspricht der solidarischen Grundhaltung der Nachgeldmenschen.

Die Altersruhezeit soll unterhalb von 60 Jahren stufenweise beginnen, z.B. mit immer weniger Arbeit ab 50 oder 55 und Privilegien bei Erholungsmöglichkeiten.

Ein Arbeitszwang für Arbeitsfähige ist nicht nötig, da der Zugang zu Digits über die Arbeitsstellen geregelt ist. Gleiches gilt für die Verteilung von Wohnraum und medizinische Versorgung. Wer auf alle diese Dinge verzichten möchte, dem kann die Gesellschaft es entspannt freistellen, irgendwo faul herumzuliegen, da er auch nahezu nichts an Ressourcen verbraucht.

Die Diskussion um faule Schmarotzer ist typisch für die Ausschlussgesellschaft des Geldes und der Waren. Die Teilnehmer an der Warenproduktion im Kapitalismus, die sich den dazugehörigen Austauschregeln unterwerfen, haben 1. panische Angst, jemand von Ihresgleichen könnte ohne Unterwerfung unter die kapitalistischen Zwänge auf ähnlichem Niveau leben wie sie. 2. Gefällt es ihnen nicht, dass Armut eine Folge ihres polit-ökonomischen Lieblingssystems sein soll und führen diese lieber auf Faulheit oder andere selbstverschuldete persönliche Merkmale zurück. Das mindert 3. die Angst, sie könnten trotz „Leistung" und Arschkriecherei eines Tages selbst arm dastehen.

So nehmen die Geldmenschen psychologisch und ideell ihr System in Schutz und mindern ihre Gewissensbisse, den Ärmeren nicht aus ihrer Situation hinaus zu helfen. Lustiger Weise macht der Bürger den Vorwurf der Faulheit und des Schmarotzens selten irgendwelchen Aktionären und anderen reichen Überflüssigen. Keinen stört, wenn bei Parlamentssitzungen offensichtlich meistens die Mehrheit der Parlamentarier schwänzt, weil ihre Anwesenheit keine Rolle spielt.

Da der Bürger die Ordnung auch geistig akzeptiert, in die er praktisch hineingezwungen ist, weiß er instinktiv: Die da oben dürfen das, wir hier unten nicht. Und er ergänzt die Akzeptanz des Systems durch ein Umdeuten der Beschränkungen in seinem Leben zu lauter Chancen. Die positive Bewertung seiner Möglichkeiten verursacht die moralische Verurteilung von Erfolglosen.

Verdrängung der eigenen Unfreiheit in Abhängigkeit, der eigenen Irrelevanz in der Gesellschaft durch Einbildung eines Verhältnisses des Selbst zu gesellschaftlicher Produktion, Geld und Staat, zur Welt, welches nur in der Imagination des Bürgers existiert - der Klassiker des bürgerlichen falschen Bewusstseins[85]. Mülltrennung ist wichtig.

---

[85] In Bezug auf Marx erklärt Louis Althusser, dass der Bürger nicht deswegen die Welt in seiner Ideologie imaginär darstellt, weil die entfremdeten gesellschaftlichen Verhältnisse sich als Entfremdung im Bewusstsein wiederspiegeln. Sondern er entwickelt eine Ideologie, die sein Verhältnis zu diesem für ihn undurchschaubaren Etwas der ihn beherrschenden Verhältnisse (positiv) verfremdet. „Ich wiederhole nun eine These, die ich bereits formuliert habe: nicht ihre wirklichen Lebensbedingungen, nicht die wirkliche Welt, ‚stellen sich' die ‚Menschen' in der Ideologie ‚dar', sondern es ist vor allem ihr Verhältnis zu diesen Lebensbedingungen, welches ihnen in der Ideologie dargestellt ist. Dieses Verhältnis bildet das Zentrum jeder ideologischen und folglich imaginären Darstellung der Welt. In diesem Verhältnis muß also die ‚Ursache' enthalten sein, die die imaginäre

Wir kaufen nur fair gehandelten Café. Man darf nicht faul sein. Man soll fleißig … man muss freundlich … etwas mehr Pünktlichkeit … eigentlich … gib dir Mühe … to be continued. Das gesellschaftliche Wozu wird absichtlich ausgeblendet.

Besonders bitter in diesem Zusammenhang ist der Fleiß der Lohnabhängigen, weil er ihnen extrem schadet. Nicht nur, dass sie ihre Lebensenergie für anderer Leute Profit verschleudern, sondern sie programmieren damit fleißig ihr eigenes Überflüssigwerden vor. Durch die Überproduktion gibt es bei fehlender Abnahme zu viele Arbeitsprodukte. Der Arbeiter wird selbst überflüssig, was auf dem tragischen Missverständnis beruht, dass viel Arbeit viel gut ist[86]. Anstatt Produkte, Belustigungen und Freizeit zu verlangen, besonders in der Absatzkrise, fordern die Lohnabhängigen Arbeit.

Es ist klar, dass, wo Schulden sind, auch jemand ein Plus haben muss, was man verbraten könnte. Sie sind aber in der Logik ihrer Anpassung gefangen. Diese freiwillige Unterwerfung nutzen die Damen und Herren Unternehmer entspannt aus. Ihre heimliche Freude über die Arbeitswut der kapitalfreien Mitbürger zeigen sie offen jedoch nicht,

---

Deformation der ideologischen Darstellung der wirklichen Welt erklärbar macht. Oder vielmehr - um die Ausdrucksweise von der Ursache einmal beiseite zu lassen -, formuliere ich die These: Es ist die imaginäre Natur dieses Verhältnisses, die die ganze imaginäre Deformation trägt, welche man in jeder Ideologie beobachten kann (wenn man nicht in ihr befangen ist). Um sich einer marxistischen Ausdrucksweise zu bedienen: wenn es stimmt, daß die Darstellung der wirklichen Lebensbedingungen der Menschen als Agenten der Produktion, der Ausbeutung, der Unterdrückung, der Ideologisierung und der wissenschaftlichen Praxis, in letzter Instanz abhängt von den Produktionsverhältnissen und den von ihnen abgeleiteten Verhältnissen, dann kann gesagt werden, daß jede Ideologie in ihrer notwendigen imaginären Deformation nicht die existierenden Produktionsverhältnisse und die von ihnen abgeleiteten Verhältnisse darstellt, sondern vor allem das (imaginäre) Verhältnis der Individuen zu den Produktionsverhältnissen und den aus ihnen abgeleiteten Verhältnissen. In der Ideologie ist also nicht das System der wirklichen Verhältnisse dargestellt, die das Leben der Individuen beherrschen, sondern ihr imaginäres Verhältnis zu den wirklichen Verhältnissen, in denen sie leben." In: Ideologie und ideologische Staatsapparate (Althusser, 1970) im pdf-Dokument S.16f

[86] Paul Lafargue hält den Arbeitern ihr Missverständnis von Fleiß und Faulheit vor: „Dadurch, dass die Arbeiter den trügerischen Redensarten der Ökonomen Glauben schenken und Leib und Seele dem Laster Arbeit ausliefern, stürzen sie die ganze Gesellschaft in jene industriellen Krisen der Überproduktion, die den gesellschaftlichen Organismus in krankhafte Zuckungen versetzen. Dann werden wegen Überfluss an Waren und Mangel an Abnehmern die Werke geschlossen, und mit tausendsträhniger Geißel peitscht der Hunger die arbeitende Bevölkerung. Betört vom Dogma der Arbeit sehen die Proletarier nicht ein, dass die Mehrarbeit, der sie sich in der angeblich guten Geschäftszeit unterzogen haben, die Ursache ihres jetzigen Elends ist, (…)" Lafargue (2010), S.44

sondern reden ihnen ein, dass die Krisen durch ihre faule Genusssucht entstanden sind und „alle" den Gürtel nun enger schnallen müssen. Dann arbeiten die Abhängigen für halben Lohn doppelt so schnell und lange oder gar nicht mehr. Nur über Letzteres freut sich dann keiner. Aber je schneller die Arbeit vonstatten geht, umso mehr wird der Arbeiter leiden. Der wahre Menschenfreund müsste also ein Recht des Menschen auf Faulheit verlangen, was dann in die Verfassung und die UN-Charta aufgenommen werden müsste. Oder haben wir etwas bei den Menschenrechten falsch verstanden?

In der Nachgeldwelt verschwindet das Gespenst der Faulheit, wie es gekommen war. Menschen haben nicht als einzigen Charakterzug die Faulheit, genauso wenig wie den schon zuvor erwähnten Egoismus.

2 Bildung - Man könnte auch sagen Vermittlung von Wissen

Bildungszeit ist gesellschaftlich notwendige Vorbereitungszeit auf die kulturelle Teilhabe und spätere Leistung aller für alle.

In der bürgerlichen Welt des Kapitals gibt es zwar ein Interesse an Bildung. Dieses ist jedoch an einzelne Firmen gebunden und somit privat. Andererseits hat dieser private Verwerter der Ausgebildeten weder die Mittel noch ein Interesse an einer von ihm durchzuführenden breitgefächerten Ausbildung, noch nicht einmal in seiner Berufsgruppe. Er verlässt sich auf den Staat als ideellen Gesamtkapitalisten, der eine durchschnittliche, in den privaten Firmen benötigte Ausbildung vermittelt. Klar, dass, so um die Ecke gedacht, nie das da ankommt, wo es soll, und zudem dem Staat als Wahrnehmer durchschnittlicher Privatinteressen das einzelne Bildungsschicksal von Menschen völlig egal ist. Der Staat wird hier nur statistische Berechnungen anstellen, die er ins Verhältnis zu seiner Haushaltslage setzt. Solange dieser Bildungsbetrieb die heimischen Kapitalunternehmen und den öffentlichen Dienst mit irgendwelchen Arbeitskräften beliefert, wird die bürgerliche Bildungsverwaltung die Ausgaben in Geld so weit, wie das geht, senken bzw. auf einem minimal notwendigen Niveau halten. Tendenziell spielt der Bildungsinhalt kaum eine Rolle. Die Diskussion dreht sich um quantitative Aspekte (wie viele Stunden pro Lehrer und Schüler), die durch eine Pseudodiskussion um Formen der Ausbildung begleitet wird (frontaler oder offener Unterricht, gemeinsames oder getrenntes Lernen, Projekte, Dalton, Fröbel, Montessori, Pädagogische Neuheiten - wir kennen das Bla-Bla).

Nur in einer Hinsicht ist Ausbildung inhaltlich effektiv. Der gesamte Bildungsapparat passt seine Kleinen in das gesellschaftliche System ein. Er bringt Menschen bei sich anzupassen, indem sie sich durchschummeln und wegducken. Jeder Schüler kennt die Grundargumente, warum Kapitalismus alternativlos ist und warum jede Alternative zu Unfreiheit und Mord und Totschlag führt. Ohne Geld würde alles zusammenbrechen, erklären Schüler, die bei keinem anderen fachlichen Thema etwas Richtiges sagen können. Überblick sieht anders aus.

Eben diesen kann nur eine gesellschaftliche, nicht geldgebundene Planung herstellen. Inhaltliche Bedürfnisse gehen ab da vor Verwaltung und Einpassen von Menschen, die sie als „Humankapital" betrachten in Strukturen der Benutzung. Nun folgt die Verwaltung den Ergebnissen der gesellschaftlichen Diskussion.

Nach einer Phase der Allgemeinbildung, vielleicht bis 15, erfolgt eine Spezialisierung, welche Hälfte/ Hälfte aus Ausbildung und praktisch nützlicher Tätigkeit besteht. Der Auszubildende, egal in welchem Arbeitsfeld, rechtfertigt so den Aufwand der Gemeinschaft, den seine Ausbildung hervorruft. Er ist nach Abschluss derselben niemandem etwas schuldig, und kann, wenn er dies wünscht, auch woanders hingehen, ohne dass die Zurückbleibenden sich beschweren müssten, wie viel sie an Zeit und Mühe in ihn investiert hätten.

Niemand ist im Übrigen auf eine Tätigkeit festgelegt. Jeder hat die Möglichkeit umzulernen, während er allerdings zunächst weiterarbeitet. Sonst sind alle am Umlernen und der Rest bleibt liegen.

3 Verteilung der Arbeit

Wie werden nun die unterschiedlichen Tätigkeiten verteilt, also die Arbeitsstellen zugeteilt?

Die heute übliche Festlegung auf eine Arbeitsstelle wird in ihrer bisherigen Form nicht fortbestehen. Nach der Ermittlung des gesellschaftlichen, geographischen Bedarfs an Arbeit, der wiederum aus den Bedürfnissen der Menschen erwächst, wird der Zugang zu Arbeitsstellen, so weit wie möglich, durch Akklamation geregelt. Jeder verteilt seine Pflichtarbeitszeit wunschgemäß durch Zuruf in der Arbeitsverwaltung. Natürlich bleiben Tätigkeiten ohne Bewerber, andere sind überlaufen. Entscheidend für die Besetzung ist die Qualifikation des Bewerbers, die er theoretisch und praktisch unter Beweis stellt. Alle nicht berücksichtigten Bewerber können trotzdem dort arbeiten, aber nicht in ihrer Pflichtarbeitszeit.

Zum Beispiel möchte jemand gerne als Arzt arbeiten. Die Aufnahmekommission im Krankenhaus bevorzugt jemand anderen. Nun kommt der junge Mann nach seinen 6 Stunden als Mechaniker noch 3-4 Mal die Woche, um sich im Krankenhaus nützlich zu machen und zu lernen. Mit der Zeit spezialisiert er sich als Anästhesiehelfer und überflügelt mit seinen praktischen Erfahrungen bald sogar das Stammpersonal. Nach drei Jahren tritt er endgültig ins Krankenhaus über, um seine Ausbildung zum Anästhesisten abzuschließen. Da diese Arbeit psychisch sehr belastend sein kann, möchte er trotzdem noch einen oder zwei Tage in der Woche als Mechaniker alte Motorräder reparieren. Passt!

Weil der Lehrer keine Lust hat, immer in der Schule zu sein, arbeitet er zwei Tage in der Woche in den Grünanlagen der Stadt. Die Digitausschüttung bleibt dieselbe, als wenn er fünf Tage in der Pauke sitzen würde, wo er im Übrigen nun entspannter und mit mehr Lust arbeitet.

Arbeiten, für die sich erfahrungsgemäß niemand melden wird (Fäkaldienste u.Ä.) werden durch Beschluss aller entweder gleichmäßig auf alle verteilt oder mit Privilegien versüßt (exklusiver Urlaub, besondere Lebensmittel etc.)

Wer sich für keine Arbeit meldet, verliert den Zugang zur Wohnraumverteilung, medizinischer Versorgung und Digits. Die Gemeinschaft entscheidet, ob und wie viel sie den Nichtarbeitenden an Leistungsminimum gewährt. Wie schon gesagt, entfällt Arbeitslosigkeit im heutigen Sinn, weil alle gesellschaftlich nützlichen Tätigkeiten auf alle verteilt werden. Je mehr Leute mitarbeiten, umso kürzer wird also die Pflichtarbeitszeit für alle bei gleichbleibendem Luxus. Diesen komfortablen Zustand kann der Kapitalismus wegen seiner Impotenz bei der nützlichen Planung nicht herstellen.

Völlig neue Möglichkeiten eröffnen sich durch selbst organisierte Arbeitsprojekte. Soweit vorhanden stellt die Arbeitsverwaltung Materialien und Werkzeuge und Kulturgüter zur Verfügung, wenn jemand oder eine Gruppe selbständig an etwas arbeiten will. Erkennt die Kommune einen allgemeinen Nutzen, kann das Projekt teilweise oder ganz als Pflichtarbeitszeit gerechnet werden.

Eine Gruppe von fünf Leuten baut in ihrer Freizeit ein historisches Piratenschiff. Nach Fertigstellung veranstalten sie Seespektakel für Kinder und Erwachsene, die allen so viel Spaß machen, dass die Stadt die fünf Freunde lieber drei von fünf Wochentagen dort arbeiten lässt als beim Aufstellen von Kaffeeautomaten. Passt.

Oder viele finden das mit dem Schiff langweilig und zur Seeschlacht kommen immer nur drei bis acht Leute. Es bleibt ein Freizeitvergnügen unserer fünf Freunde, die das Holz noch mit ihren Digits von der Stadt erwerben müssen. Es bereitet ihnen trotzdem Freude.

Die Entscheidung, ob und wie ein Projekt in Betriebsabläufe integriert werden kann, trifft die Betriebsbelegschaft und die geographische Gemeinde. Alle Interessen werden abgewogen. Zur Not stimmt man ab. Grundsätzlich erhält jeder die Möglichkeit seine Pläne zu verwirklichen, solange er die anderen nicht schädigt. Und das ist öfter realisierbar als der im Kapitalismus sozialisierte Konkurrenzmensch für möglich hält. Aus der Konkurrenzerfahrung seiner Lebensumgebung, in der ein Vorteil für mich ein Nachteil für dich wird, ist bei einer nicht-antagonistischen Gesellschaft der Vorteil des einen nicht automatisch der Schaden des anderen oder sogar auch sein Vorteil.

Kapitel 6

Problemvermeidung

1 Schwarzmarkt, Wirtschaftsbeziehungen nach außen, Reisen

Die Abschaffung des Geldes kann nur in einem Gebiet erfolgen, welches in der Lage ist, sich mit den zum Leben notwendigen Dingen selbst zu versorgen, also eine erhebliche Menge an Gütern selbst produziert oder produzieren kann, einen Überschuss erwirtschaftet, der nach außen verkauft werden kann und damit auch in der Lage ist, Dinge, die man von den noch mit Geld wirtschaftenden Ländern braucht, zu besorgen.

Es macht keinen Sinn, in einem völlig von Importen abhängigen Territorium das Geld einzustampfen, wenn alle wichtigen Güter dann extern doch damit bezahlt werden müssen. Ein Schwarzmarkt im Innern wäre unvermeidlich. Man würde sich in endlose Polizeiaktionen verstricken und könnte die neue Wirtschaftsordnung nur mit unverhältnismäßiger Gewalt und einer Doppelmoral aufrecht erhalten, die das Leben kapitalismusähnlich und damit absurd machen würden.

In einer Gesellschaft des akuten Mangels umgeben von Geldwirtschaft sind Schritte in Richtung Nachgeldleben durchführbar, die Abschaffung abstrakter Zahlungsmittel nicht. Man hätte sofort außer den Digits die Umgebungswährungen als illegale Handelsgrößen im Land und am Hals. Zum Willen der Bevölkerung, ihr Leben nicht finanziell zu organisieren, kommen also notwendige ökonomische Mindestvoraussetzungen.

Gelingt es, ein genügend großes, wirtschaftlich weitgehend unabhängiges Territorium (wie es z.B. die Sowjetunion ohne Krieg, Kriegsdrohungen und Bürgerkriege gewesen wäre) vom Geld zu befreien, darf es auf keinen Fall irgendeine Art von Geschäft oder Verrechnungsstellen geben, die mit ausländischem Geld funktionieren (DDR-Intershop, Berjozka). Das würde nicht nur das Abschaffen sinnlos erscheinen lassen, sondern auch allen zeigen, dass es im Sinne einer Doppelmoral in Wirklichkeit auf finanzielle Werte doch ankommt, nur dass der Normalmensch davon abgehalten wird.

Der Schwarzmarkt im Innern wird sich nie völlig vermeiden lassen. Er wird unter Umständen mit ausländischem Geld funktionieren und Waren anbieten, die im Inland Mangelware sind oder Mangeldinge im

Tausch gegen andere Produkte handeln. Ein solcher Markt braucht in erster Linie einen Ort. Diesen öffentlichen Ort nicht zur Verfügung zu stellen, ist Sache der ganzen Gesellschaft, welche versteht, dass so die nichtökonomische Verfassung des Lebens geschädigt wird. Dort angebotene Produkte gehören allen und werden bei Entdeckung an die Umstehenden kostenlos verteilt. Dies steigert die Mühe des Handels und Beschaffens auf einen immer höheren Grad der Entmutigung. Konfisziertes Geld wird für Erwerb von Kulturgütern im Geldausland verwendet.

An den Außengrenzen ist der Personenverkehr zu Besuchs- und Reisezwecken behinderungsfrei zu ermöglichen. Produkte allerdings dürfen Personen nur für einen kleinen persönlichen Bedarf hin und her führen. Hier findet eine klassische Zollkontrolle statt.

Wer in Geldländer reisen will, erhält für seine Digits entpersonalisierte Berechtigungsscheine zum Umtausch im Zielland. Nach entsprechenden internationalen Übereinkünften, können die Zielländer und ihre Bewohner die Berechtigungsscheine für den Import aus Nachgeldland oder eigene Reisen verwenden. Sie werden ihnen vor Ort zweckgebunden personalisiert, können also nie pauschal und personenunabhängig eingesetzt werden. Der Kurs wird wegen der begrenzten Einsatzmöglichkeiten von Digits im Vergleich zum Geld eher ungünstig sein. Das wird letztendlich von der Attraktivität der Einreise ins Nachgeldland und dessen Produkten abhängen. Wer sich dadurch behindert fühlt, sollte aber sowieso in einem Geldland wohnen und dafür auch alle Nettigkeiten der abstrakten Reichtumswirtschaft in „Kauf" nehmen.

Beim Außenhandel auf volkswirtschaftlicher Ebene können nur Produkte importiert werden, die durch entsprechende Exporte finanzierbar sind. Das Hauptaugenmerk liegt auf der Bedürfnisbefriedigung durch heimische Produktion. Trotzdem kann diese unter Umständen Stoffe und Rohstoffe bedürfen, die im Innern nicht verfügbar sind. Die Notwendigkeit des Imports sollten die Menschen mit dem damit verbundenen Aufwand abwägen und so oft und schnell wie möglich umgehen. Wer anstatt Äpfeln lieber neuseeländische Kiwis zum Frühstück braucht, muss sich darüber klar sein, wie diese für ihn beschafft werden. Die Verantwortung hier gesellschaftliche Prioritäten zu setzen liegt bei allen. Es ist eben keine Frage des Geldes mehr, sondern der entscheidenden Vernunft. Luxus an einer Stelle führt zu Verzicht an einer anderen. Das ist der Sinn und Reiz, wenn man sich etwas Besonderes leistet. Sonst wäre es nicht besonders.

Zoll- und sonstige Kontrollen können nie die Lösung von Problemen sein, sondern nur flankierende Maßnahmen zu deren Vermeidung. Je intensiver die Leute an Planungs- und Entscheidungsprozessen, an der Mühe der gesellschaftlichen Arbeit beteiligt sind, um so weniger muss sie irgendjemand von Notwendigkeiten überzeugen und erzählen, was „das Beste für uns alle" ist.

2 Bestechlichkeit und Vorteilsnahme

Eines der größten Probleme, welches mit der neuen Verwaltung des gesellschaftlichen Reichtums heraufziehen wird wie eine dunkle Gewitterwolke, ist die Vorteilsnahme. Die Bestechlichkeit ist wesentlich dadurch reduziert, dass finanzielle Vorteile keinen Geldausdruck mehr haben. Der Bestochene muss sich also irgendwelche Gegenstände hinlegen, die er für sein Entgegenkommen von Bestechenden erhalten hat. Es wird schwer sein, hier größere Mengen von Bestechungszeugs vor der Allgemeinheit zu verstecken. Es sollte eine Bestechungskommission mit wechselnden Mitgliedern aus verschiedenen Wirtschaftsbereichen geben, an die sich jeder mit Beschwerden wenden kann. Sollte jemand bei oder nach Bestechung erwischt werden, ist der Hauptpunkt die gesellschaftliche Diskussion über den Schaden, denn allen wurde etwas vorenthalten zum privaten Nutzen. Ein Nebenpunkt ist die Bestrafung. Sie sollte sich materiell im Bereich des Doppelten der Bestechungsmasse bewegen und eine zusätzlich abzuleistende Arbeit enthalten. Natürlich müssen Funktionsträger ihre Ämter abgeben und sie werden zeitweise oder für immer für Funktionen gesperrt.

Die Vorteilsnahme in Form von gewährten Privilegien ist schon schwerer aufzudecken, weil hier der Nachweis erbracht werden muss, dass ein tatsächlicher Zusammenhang zwischen meinem Seegrundstück und deiner Baugenehmigung oder Ähnlichem besteht. Hat jemand wirklich ein Losverfahren manipuliert und wie? Neben den schon erwähnten Kontrollkommissionen kann nur eine anlasslose Kontrolle aller Verteilungsvorgänge zur Lösung beitragen. Niemand darf wissen, wann und welche Vorgänge durch wen kontrolliert werden, nicht einmal die Kontrollierenden selbst. Kontrollen durch Einzelpersonen sind zu vermeiden.

Allgemein gesprochen können Kontrollen nur Teil der Lösung sein und nicht die Lösung selbst. Auch sind eine Atmosphäre des gegenseitigen Misstrauens und vor Kontrollen nicht sichere Privatbereiche nicht unbedingt Garanten für eine harmonische gesellschaftliche Stimmung. Einen respektvollen und angemessenen Umgang mit dem Thema Kontrollen zu finden, ist die Aufgabe der ethischen Diskussion der Nachgeldmenschen. Je mehr sich die Güterlage entspannt, umso weniger muss man sich um einzelne Mangelartikel Sorgen machen.

Man könnte die Korruption am Beispiel Kubas und Venezuelas untersuchen. Beides sind keine wirklich passenden Beispiele, da sie mit Geld wirtschaften, Kuba sogar mit mehrfachen Geldarten (Peso Cubano und mehr oder weniger offen mit US-Dollar), was von mir schon weiter oben bei DDR und Sowjetunion als Anfang vom ökonomischen Ende gekennzeichnet wurde. Wer unter solchen Bedingungen einkaufen muss, sieht sein Geld als minderwertig an und etwas später auch sein Wirtschaftssystem.

Trotz dieser Unpässlichkeiten ist ein Blick auf die Bekämpfung der Korruption in der Praxis dieser Länder nützlich, da ein solcher vieles vermeiden lässt, womit sie bei der Gestaltung ihrer ökonomischen Alternative zu kämpfen haben.

Venezuela muss mit der ganz normalen kapitalistischen Korruption fertig werden, die allerdings durch eine staatlich-sozialistische ergänzt wird, wie selbst Hugo Chávez an vielen Stellen beklagte. Klar, dass alle Anstrengungen die Vorteilsnahme einzudämmen zu politischer Propaganda der jeweiligen Gegenseite führt. Das bedeutet, dass jedesmal, wenn jemand wegen Bestechlichkeit oder Zweckentfremdung staatlicher Mittel angeklagt wird, der zur politischen Opposition gehört, die Opposition der Regierung eine politische Motivation unterstellen wird[87]. Umgekehrt wird sie bei jedem verhafteten Funktionär der Regierungspartei von einer Bestätigung ihrer grundsätzlichen Kritik am Sozialismus sprechen. Wir wussten doch, dass das nicht gut gehen kann. Gerade so, als hätten Bestechung und Vorteilsnahme nicht in der Geldwirtschaft ihren Ursprung.

---

[87] Harald Neuber auf heise.de (Neuber, 2009): „Deutlich unglaubwürdig wird die These einer politischen Justiz in Venezuela spätestens, wenn man sich den Fall des ehemaligen Gouverneurs des Bundesstaates Yaracuy ansieht. Carlos Giménez, der nach seiner Verhaftung am Sonntag nun auch als Dissident aus dem Chávez-Lager dargestellt wird, wurde bereits im April vergangenen Jahres aus der regierenden Vereinten Sozialistischen Partei (PSUV) ausgeschlossen. Damals wie heute wird ihm vorgeworfen, umgerechnet 200.000 US-Dollar aus dem Etat des bundesstaatlichen Instituts für Entwicklung unterschlagen zu haben. Am Rande eines Kongresses der PSUV, bei dem über die Aufstellung der Kandidaten für die Regionalwahlen im vergangenen November entschieden wurde, gab der Vizepräsident der Partei, Alberto Müller Rojas, den Ausschluss Giménez' bekannt. Wenige Wochen später zeigte sich der Oberste Gerichtshof Venezuelas mit einem Amtsenthebungsverfahren gegen den Regionalpolitiker einverstanden. Giménez wurde damals jedoch nicht inhaftiert. Seine Festsetzung erfolgte nun, weil er seit Anfang März drei Vorladungen in Folge ignoriert hatte. Es bestehe deswegen erhöhte Fluchtgefahr, urteilten die Ermittlungsrichter. Wahrscheinlicher als die nun politisch motivierte Darstellung der Ermittlungsverfahren ist folgende Variante: Erstmals seit Jahren tragen die Verfahren gegen Korruption in Venezuela Früchte. Zudem gehören die drei nun betroffenen Politiker keineswegs nur der Opposition an - sie stammen aus allen Teilen des politischen Spektrums des südamerikanischen Landes. Ein Zeichen für die Ernsthaftigkeit im dringend notwendigen Kampf gegen die Korruption in Venezuela ist übrigens auch eine Kabinettsumbildung Anfang März. Dabei war der bisherige Chef des Institutes für Verbraucherschutz, Eduardo Samán, zum neuen Handelsminister ernannt worden. Samán hatte zuvor die Gründung von so genannten Verbraucherschutzkomitees unterstützt, um gegen Korruptionsfälle - etwa in den staatlichen subventionierten Mercal-Supermärkten - effektiv vorgehen zu können."

Im Sinne der guten alten Doppelmoral verschweigen die Sozialismuskritiker in diesem Zusammenhang gerne ihre Skandale, Gerichtsverfahren und ungezählten Rücktritte, die nicht mal vor den Präsidenten der kapitalistischen Hauptländer haltmachen (siehe Deutschlands Kohl und Wulff, Italiens Berlusconi oder Frankreichs Sarkozy oder oder oder). Viele Geschäfte laufen nur durch Bestechung. Es sieht so aus, als ob Firmen wie die deutsche Siemens AG ihr ganzes Betriebssystem auf ihr aufbauten[88].

Um diese kapitalistische Normalität der Korruption nicht in die neue Welt mitzunehmen, sind Anstrengungen auf organisatorischem Gebiet und in der Öffentlichkeitsarbeit nötig. Alle wollen gleiche Ausgangschancen beim Konsum und in der Erholung. Sie werden auf Korruption nur verzichten, wenn klar ist, dass dieser Weg für alle versperrt ist oder sehr schwer und mit hohem Risiko begehbar.

Trotz viel besserer Ausgangsbedingungen als in Venezuela und gefestigter politischer Macht verstrickt man sich in Kuba mit der kapitalistisch-sozialistischen Mischökonomie in mehr Probleme, als durch den schlichten Mangel nötig und bedingt gewesen wären. Anstatt zu produzieren und zu verteilen, versucht die Regierung alles über Geld und Verdienstmotivation zu organisieren. Dann darf sie sich auch nicht wundern, wenn alle die Hand aufhalten. Mit der Staatsanwaltschaft oder einem neuen Ministerium wird sich das nicht lösen lassen[89]. Die Arbeiter in den Betrieben zweigen Material und

---

[88] Vgl. Sueddeutsche.de (Schäfer, 2010): „Es ging darum, einen Skandal zu entschlüsseln, der zunächst klein zu sein schien und bald immer monströser wurde. Ermittler und Journalisten konnten nicht glauben, was sie alles vorfanden: ein dichtes Netz aus schwarzen Kassen in nahezu allen Steueroasen der Welt; eine Buchhaltung, in der wichtige Zahlungsbelege mit kleinen gelben Post-it-Zetteln frisiert wurden; ein Netzwerk aus Dunkelmännern, Ja-Sagern und Wegguckern. Darüber saß ein Vorstand, der manches wusste und noch mehr hätte wissen können, wenn er seinen Pflichten nachgekommen wäre. Doch niemand fragte nach, als der oberste Korruptionsbekämpfer des Unternehmens kritische Berichte vorlegte. Niemand wollte Genaueres wissen, als die ersten Erkenntnisse über Schmiergelder bis in den Vorstand und in den Aufsichtsrat gelangten. Dass sich viele Einzelfälle zu einem ganz großen Fall zusammenfügten, dass es nicht bloß um einige wenige Verfehlungen ging sondern um ein ganzes Bestechungssystem - davon wollten die Oberen nichts wissen.“

[89] Vgl. taz.de (Kaufmann, 2011): „Für ausländische Unternehmer ist die Korruption längst systemimmanent: ‚Solange Löhne gezahlt werden, die ein anständiges Leben nicht ermöglichen, wird es Zahlungen unter der Hand, Diebstahl und Betrug geben‘, sagt ein Reiseveranstalter, der anonym bleiben will. Das scheint auch der Regierung in Havanna klar zu sein. Staatschef Raúl Castro betonte im Umfeld des Parteitags im April mehrfach, er wisse, dass die Löhne mit den Lebenshaltungskosten nicht Schritt halten. Das Grundproblem der Inselökonomie ist jedoch, dass kaum etwas produziert wird. Das bestätigt auch Omar Everleny, Direktor des Studienzentrums der kubanischen Ökonomie (CEEC). Schon vor vier Jahren hat sein Institut die

Produkte ab, die sie auf dem Schwarzmarkt verkaufen, um so ihre Löhne aufzubessern. Die Funktionäre betreiben das gleiche Spiel nur auf höherem Niveau. Jeder greift da zu, wo er kann. Beispielhaft ein Artikel von „Lateinamerika Nachrichten":

„Allerdings gehört auch schon eine gute Portion krimineller Energie dazu, um zu drei Wohnungen, vier Autos, vier Motorrädern und einer halben Million Pesos (rund 23.000 US-Dollar) zu kommen. Das ist die Bilanz einer Razzia bei einem leitenden Angestellten einer Schuhfabrik, die Generalstaatsanwalt Juan Escalona bei der Ministeriumsvorstellung anführte. Kriminelle Machenschaften attestierte die Staatsanwaltschaft allerdings auch einigen leitenden Angestellten im Tourismussektor des Landes, die im Mai 1999 wegen Begünstigung des Sextourismus und Bereicherung entlassen wurden. Unter ihnen auch die Frau des damaligen Außenministers Roberto Robaina, María Elena García, die beim staatlichen Touristikdienstleister Rumbos als leitende Managerin angestellt war. Robaina wurde wenig später ohne Angabe von Gründen durch Felipe Pérez Roque ersetzt. Auf den Luxus eines Arbeitsessens mit Diplomaten im ‚La Guarida' muss Robaina seitdem verzichten."[90]

Man sieht sofort, dass der Direktor der Schuhfabrik ohne Geld große Schwierigkeiten gehabt hätte an seine Autos und Motoräder zu kommen. Denn er hätte eine ganze Menge Schuhe bei jemandem dafür eintauschen müssen. Und was hätte der ohne Verkaufsmöglichkeit für Geld damit dann anfangen sollen. Auch mit den Wohnungen wäre es schwer geworden. Ohne Zuweisung über die Arbeits- bzw. Sozialstelle gäbe es keinen Zugang zu Wohnraum. Kaufen kann man ja in der Nachgeldwelt keine Wohnung. Das Arbeitsessen mit Diplomaten ist zu verschmerzen, wäre aber in der Nachgeldwelt kein wirklicher Vorteil.

Vielleicht wird man die Vorteilsnahme nie ganz beseitigen können. Ohne allgemeines Äquivalent wäre sie jedoch sehr eingeschränkt. Das Hauptinstrument jenseits aller Ideologie ist eine funktionierende Eingangs- und Ausgangskontrolle in Verbindung mit genauer Feststellung von Kapazitäten. Bei einem Ferienheim werden 50 Plätze eingerichtet. Diese Plätze werden über eine nicht zum Ferienheim gehörende zentrale Vergabestelle (wie ein Reisebüro) nach dem Losverfahren angeboten. Der Leiter des Heimes kann also bestenfalls frei gebliebene Plätze seiner Freundin anbieten, was in dem Fall keinem wehtun würde. Die Gesamtzahl aller vorhandenen Plätze wird ins Verhältnis gesetzt zu allen Reiselustigen. Geht jetzt einer überdurchschnittlich oft leer aus, hat man schnell einen Überblick, an

---

Lebenshaltungskosten einer vierköpfigen Familie auf 1.600 kubanische Pesos kalkuliert. Der Durchschnittslohn aber liegt bei rund 400 Pesos - und seitdem ist vieles in Kuba merklich teurer geworden."
[90] Henkel (2001).

wen zu viele Urlaubsplätze verteilt wurden. Das ist nur eine Frage der korrekten Dokumentation.

Bei genauer Erfassung des eingehenden Materials und der vorhandenen Produktionskapazitäten einer Schuhfabrik wäre es für den Betriebsleiter sehr schwer fertige Schuhe zu verstecken. Er müsste den Produktionsausfall erklären und hätte sofort eine Kontrolle am Hals.

Wird jemand bei sonst guter Versorgungslage und ohne Geld mit einem anderen Sex haben für ein paar Gebrauchsgegenstände, ist das keine Prostitution sondern Dummheit, die Privatsache bleibt. Ist die Versorgungslage schlecht, muss sich die oder der Betreffende mit seinen Mitmenschen darüber verständigen, dass es an etwas mangelt. Eine Frage der Arbeitsorganisation (siehe Kapitel "Planung").

Ohne Geld verliert die Korruption ihre SIEMENS-KUBA-Dimensionen, solange die Menschen das wollen.

3 Entscheidungsgewalt, Stalinismus, Theorie vom Totalitarismus

Man könnte aus methodischen Erwägungen sagen, die politischen Machtfragen können oder müssen nicht gemeinsam mit ökonomischen Überlegungen zur Organisation der Produktion und Verteilung abgehandelt werden. Den Luxus Machtfragen nicht zu betrachten, also ersparter Mühe, können wir uns leider nicht leisten. Ganz einfach, weil man eine viele Menschen betreffende Organisationsform nur durchsetzen wird, wenn man das KANN. Die Frage, ob ein Brötchen 20 Cent kostet oder nichts, ist keine Frage der ökonomischen Theorie, sondern der praktischen Durchführung, wie jeder Ladendieb weiß.

Im Stalinismus liegt die Schlüsselerfahrung für einen in die Praxis umgesetzten kollektiven Wunsch nach Weltverbesserung. Und eben diese Praxis wirft so viele Fragen auf, die immer aufs Neue erschüttern, weil sie, wie es scheint, in jedem Moment des Handelns unumgänglich werden. Ausgegangen waren utopische, sozialistische und kommunistische Bewegungen von der Forderung nach Überwindung von Eigentum an Produktionsmitteln, nach Überwindung von Staat als Unterdrückungsinstrument und nach Abschaffung von Geld (vgl. Winstanley und Morus im Kapitel „Wirtschaftswissenschaft", Marx im Kapitel „Digits"). Dass Abschaffung eine Entscheidung und einen Handlungsprozess voraussetzt, scheint Friedrich Engels im Überschwang der Vorfreude etwas aus den Augen zu verlieren, wenn er in den „Grundsätzen des Kommunismus" schreibt:

„Endlich, wenn alles Kapital, alle Produktion und aller Austausch in den Händen der Nation zusammengedrängt sind, ist das Privateigentum von selbst weggefallen, das Geld überflüssig geworden und die Produktion so weit vermehrt und die Menschen so weit verändert, daß auch die letzten Verkehrsformen der alten Gesellschaft fallen können."[91]

Geld kann natürlich überflüssig werden oder vielleicht auch schon sein. Dass deswegen irgendetwas von selbst passiert, folgt daraus jedoch nicht. Wenn auch verständlich ist, dass man im Vorfeld nicht alle technischen Details klären kann und quasi den Nachgeldmenschen Entscheidungen nicht abnehmen kann, ist doch die vage Absterbe-Theorie ein Grund dafür, dass die Kommunisten zunächst im realen Sozialismus angekommen sind bei Staatseigentum, Staatsmaschinerie und Geld mit Marx und Lenin darauf gedruckt, und dort auch für immer hängen geblieben sind (vgl. Kap. „Geld und Realer Sozialismus"). Unterwegs hat es einen Prioritätenwechsel gegeben.

Die angestrebte Verbesserung der Lebensverhältnisse musste zur kollektiven Frage werden und konnte nicht individuell bleiben, da die ökonomischen Verhältnisse viele Menschen in dieselben Lebensverhältnisse zwingen. Diejenigen, welche sich gemeinsam in einer bedrückenden Lage befinden, versuchen früher oder später gewaltsam aus ihr auszubrechen. Die Gemeinschaft des Ausbrechens schafft nach den unvermeidlichen, anfänglichen Niederlagen eine planende Organisation in Gruppen. Die Gruppen geben sich eine Entscheidungsstruktur, ein Kommando wird zugeordnet. Dieses Kommando verwaltet die anzuwendende Gewalt für die übrigen, so wie der bürgerliche Staat dies auch tut, ohne zimperlich zu sein - Wahlen hin oder her. Wie kann die Gewalt der Verbesserungsbewegung (physisch und geistig) kontrolliert werden, damit sie nicht gegen die Verbesserung gewendet wird, und ohne dass die Gesellschaft von Informationen ausgeschlossen wird, die Gewaltmissbrauch offenlegen? [92]

---

[91] MEW Bd. 4, S.374.

[92] Völlig blind für die Mordintrigen Stalins schreibt Henry Barbusse von einem „notwendigen Minimum" an Repressionen, das gefunden werden müsse, bevor er selbst 1935 nach Unstimmigkeiten über seine Stalinbiographie in Moskau wie so viele „verstarb": „Menshinski, der kürzlich verstorbene Chef der GPU, hat mir lange auseinandergesetzt, wie absurd es ist, der politischen Partei, die die Geschicke der Sowjetunion lenkt, prinzipielle Grausamkeit oder Mangel an Achtung vor dem Menschenleben vorzuwerfen, dieser Partei, deren Ziel die Solidarität aller Schaffenden auf Erden und die friedliche Arbeit ist... Und er hat mir wirklich gezeigt, wie die revolutionäre Polizei, diese Schwester der Arbeitermassen, jede Gelegenheit benützt, um Gefangene, nicht nur kriminelle (in dieser Hinsicht geht die Geduld und Nachsicht der Bolschewiki bis an die Grenze des Vorstellbaren), sondern auch politische ‚wieder auf den Weg zu bringen', zu ‚heilen'. Die Kommunisten gehen von dem doppelten Grundsatz aus, dass die kriminellen Verbrecher Leute sind, die sich im Irrtum über ihre eigenen Interessen befinden und ihr Leben verpfuschen; es kommt nur darauf an, ihnen das zu zeigen; und dass die Feinde der proletarischen Revolution (soweit sie ehrlich sind) ebenfalls Leute sind, die sich irren, und dass es ebenfalls möglich ist, es ihnen zu

Interessant ist, wie zum ersten Mal im nachrevolutionären Russland der Staat nicht mit einem ökonomischen Klasseninteresse verbunden ist, und dennoch Ausbeutung und Unterdrückung betreibt, quasi in eigener Funktion. Damit nützt die schönste Revolution nichts, wenn sie die vorherige Herrschaft nur unter anderen Vorzeichen fortsetzt und, außer einem Versprechen auf Zukunft, die Bedingungen des täglichen Lebens nicht wesentlich verbessert oder sogar verschlechtert. Als ob Dostojewski genau dies vorausgeahnt hätte, als er seinen Schigaljow sagen lässt, dass sein System die ursprüngliche Idee in ihr komplettes Gegenteil verwandelt. Aus dem Wunsch nach unbeschränkter Freiheit wird unbeschränkter Despotismus. Ein Zehntel der Menschheit erhält das Recht, über den Rest unbeschränkt zu herrschen[93]. Der Sieg des Apparates. Bitter.

Wie ist der messianische Willen zur Revolution entstanden? Nach der Rationalisierung des Denkens im Zuge von neuem Kolonialismus, Kapitalakkumulation und Aufklärung, gefolgt von der modernen Wissenschaft und Maschinerie und deren ausschließlichen Ausrichtung auf Maximalprofit lag es nahe, in jedem menschlichen Handeln einen Zweck zu suchen. So wie die Kapitalisten schwachsinnig, quasi naturgesetzlich, einer Vergrößerung ihres Profits hinterherlaufen, hätte die Arbeiterklasse in ihrem Tun ebenfalls einen quasi naturgesetzlichen Auftrag, eine historische Mission, meinten die Marxisten/ Leninisten. Nicht aus guten Gründen, sondern weil ihnen das vorherbestimmt sein soll, werden sie die kapitalistischen Verhältnisse überwinden. Nimmt man aber Marx' Kritik an der Kapitalwirtschaft und ihren brutalen Folgen ernst, stehen Überlegungen auf der Tagesordnung, was man denn nach der

---

zeigen. Aus diesem Grunde haben die Gefängnisse auf der ganzen Linie die Tendenz, sich in Schulen zu verwandeln. Das Problem der Repression wird also zur Frage des für den allgemeinen Fortschritt notwendigen Minimums. Dieses Minimum soll nicht überschritten werden. Man darf aber auch nicht hinter ihm zurückbleiben; man würde sich in beiden Fällen schuldig machen." Barbusse (1935), S.34

[93] Treffend Dostojewskis Beschreibung des Schigaljow in den „Dämonen": „Ich habe mich in meinen eigenen Aufstellungen verwirrt, und mein Schlußresultat steht in direktem Widerspruche zu der ursprünglichen Idee, von der ich ausgehe. Indem ich von unbeschränkter Freiheit ausgehe, schließe ich mit unbeschränktem Despotismus. Ich füge jedoch hinzu, daß es außer meiner Lösung des sozialistischen Problems keine andere geben kann." Dann ergänzt ein anderer Versammlungsteilnehmer: „Er schlägt als endgültige Lösung der Frage die Zerlegung der Menschheit in zwei ungleiche Teile vor. Ein Zehntel erhält die Freiheit der Persönlichkeit und das unbeschränkte Recht über die übrigen neun Zehntel. Diese aber müssen ihre Persönlichkeit verlieren und sich in eine Art von Herde verwandeln und bei unbegrenztem Gehorsam durch eine Reihe von Wiedergeburten die ursprüngliche Unschuld, gewissermaßen das ursprüngliche Paradies wiedererlangen, obwohl sie übrigens auch werden arbeiten müssen." Dostojewski (2008), S. 528-530

Abschaffung des Kapitalismus anders organisieren wird und wie man die Entwicklung zum feudal-absolutistischen Sozialismus hätte anders lenken können, bei neuen Versuchen anders lenken wird. Ist angesichts der Erfahrungen mit dem Stalinismus dessen Wiederholung, politische Passivität oder die konstruktive sozialdemokratische Begleitung der bestehenden kapitalistischen Machtverhältnisse eine Alternative zu solchen neuen Versuchen? Welche Schlussfolgerungen sind für eine freie Assoziation Ideen tragender Menschen aus dem Stalinismus zu ziehen?

Stalinismus muss zeitlich, praktisch und ideell gefasst werden.

Die Zeit des Stalinismus wird durch die Ernennung Stalins zum Generalsekretär der KP 1922 eingeleitet und entfaltet sich bis zum Gipfelpunkt der „großen Säuberung" von Partei- und Staatsapparat 1936/37. Der weitere Ausbau bei gleichzeitiger, endgültiger Zerstörung aller kommunistischen Elemente vollzieht sich bis zum Tod Stalins 1953. Der Stalinismus als Machtsystem endet 1956 mit dem XX. Parteitag und Chruschtschows Rede, als erste Kritik und inkonsequente Abrechnung mit den Verbrechen der Stalinzeit.

Praktisch ist der Stalinismus das Ersetzen der kollektiven Entscheidung durch die Führung eines Einzelnen. Dieser Prozess ist notwendig begleitet von der physischen und psychischen Liquidierung fast aller Revolutionäre der ersten Generation, die Unterdrückung ihrer Gedanken, die Erinnerung an ihre Existenz. Logisch entsteht bei all den Morden ein pathologisches Misstrauen jedem gegenüber, der in räumlicher oder gedanklicher Nähe steht. Aus pathologischen und machtpolitischen Erwägungen realisiert sich das Misstrauen im Massenmord an den sowjetischen Menschen bzw. ihrer Versklavung in Arbeitsgefängnissen. Auswärtige Genossen werden genau überwacht oder, wenn sie dem inneren Kreis des Misstrauens zu nahe kommen, verhaftet bzw. getötet, die These vom „Aufbau des Sozialismus in einem Land" wird zum Horizont, die Kommunistische Internationale 1943 aufgelöst.

Dem entspricht andererseits eine Sehnsucht nach Vertrauen und Anerkennung bei den tatsächlichen politischen Gegnern Hitler, Churchill und Roosevelt, die grob fahrlässig wird und so die Sowjetunion in eine immer nur defensive Position bringt, wobei deren Führung durch ihre irrationale Ideologie Verluste wie im zweiten Weltkrieg geradezu vorprogrammiert. Wer im Westen etwas gelten will, unterwirft sich damit dessen verlogenen Maßstäben. Gewinnen kann man damit freilich nichts außer einem Plus an eigener Naivität. Militärisch steht man trotzdem ständig unter Zugzwang, weil sich die Großmächte der westlichen Demokratie ihren imperialistischen Anspruch auf die ganze Welt mit Freundschaftsangeboten nicht abkaufen lassen.

Ökonomisch ist der Stalinismus eine staatsmonopolistische Version des Kapitalismus. Brutale, teilweise sinnlose, extensive Industrialisierung und Zwangskollektivierung in der Landwirtschaft bestimmen die Planung der Wirtschaft mit Geld, welches doch eigentlich abgeschafft werden sollte. Der Staat funktioniert als ideeller und praktischer Gesamtkapitalist, der an effektiver Ausbeutung interessiert ist, nur dass seine Ausbeutung im finanziellen Sinn weniger effektiv bleiben muss als beim Original. Die angeblich sozialistischen Führer haben immer neidisch auf Produktion, Profit, Konsum und Staatseinnahmen ihrer gehasst-bewunderten Vorbilder im realen Kapitalismus geschaut.

Die ideelle Grundlage des Stalinismus ist der Gedanke, dem Volk großzügig ein soziales Minimum zu garantieren (Die moralische Anerkennung der aufopferungsvollen Arbeitsleistung bei gleichzeitig schlechten Lebensbedingungen hat der Stalinismus mit dem Faschismus trotz unterschiedlicher Eigentumsverhältnisse gemeinsam.). Diese Fürsorge soll in einem Geschichtsdeterminismus folgerichtig die Etappe der moralischen Erniedrigung der Arbeitenden in der Klassengesellschaft ablösen. Das soll aber nicht nur einfach der Gang der Geschichte sein, sondern die historische Mission der Arbeiterklasse.

Im Gegenzug für die fürsorgliche Betreuung durch die erleuchteten Berufsrevolutionäre (oder deren übrig gebliebenen Führer) wird von den Werktätigen ein neues Bewusstsein der Zustimmung zu ihrer angeblichen Mission und Dankbarkeit gegenüber der Führung erwartet. Bei allen Schwierigkeiten wird folgerichtig zunächst vermutet, dass das Volk für die neue Zeit nicht reif ist, und wie ein Kind mit Zuckerbrot und Peitsche umerzogen werden muss.

Der Stalinismus hat sich als Erbe einer real existierenden Systemalternative den Hass der bourgeoisen Politik und Wirtschaftswelt erhalten. Dieser bürgerliche Hass resultiert natürlich nicht aus einer Scheu vor Blutvergießen, sondern aus einem schmerzhaft empfundenen Verlust an Einflusssphäre, der das Kapital in seiner ständig notwendigen Extension behindert. Der militärische und wirtschaftliche Druck auf den frühen Sozialismus von außen, ruft im Inneren eine dauernde Organisation der Gesellschaft als eine Kriegsgesellschaft hervor. Um diesen Druck zu mildern oder zu beseitigen, wäre die einzige Schlussfolgerung gewesen, nun von sowjetischer Seite aus in den imperialistischen Ländern jede Befreiungsbewegung zu stützen. Genau umgekehrt verlegt sich aber Stalin (der „Vater der Völker", der „Lehrer der Völker") auf ein außenpolitisches Taktieren, welches die kommunistischen Bewegungen in aller Welt nur als Instrument und Spielball in der Koexistenz mit der bürgerlichen Außenpolitik anderer Länder betrachtet, und dies auch noch mit Misstrauen gegenüber den Genossen.

Mit großer Erleichterung präsentiert die bürgerliche Ideologie alle Verbrechen des Stalinismus erstens als Beweis für die Minderwertigkeit der tatsächlichen Alternative, und zweitens als

Beweis, dass jede Alternative zum Kapitalismus zu solchen katastrophalen Folgen führt.

Die Apologeten des Geldes in Journalismus und Wissenschaft kennen die Nachteile der ökonomischen Finanzeinrichtung Kapitalismus besser als sonst jemand. Da sie für sich aber entschieden haben, dass für ihre Klasse trotz aller Nachteile die Geldwirtschaft lohnend ist, wurde zu ihrer größten Sorge, dass den anderen Menschen früher oder später dämmert, wie man die Gesellschaft ändern könnte, um die ökonomischen und politischen Unannehmlichkeiten zu beseitigen, die aus der Gelddiktatur folgen.

Insofern ist der Stalinismus für die Kapitalismusfreunde ein Glücksfall. An ihm lässt sich demonstrieren, wie polit-ökonomische Veränderungen zu Mord und Totschlag führen. Interessant dabei ist, dass die dabei angewandte Gleichsetzung von Stalinismus und Faschismus meist von solchen Leuten zu einer Totalitarismusdoktrin aufgebaut wird, die den faschistischen Methoden und Ideen und deren Vertretern Sympathie entgegenbringen, die sie für Stalin nie hätten.

Der Totalitarismusbegriff ist eine Gedankenwaffe, die gegenüber dem konservativen und faschistischen Lager nie angewendet wird, weil sie dort sinnlos ist. Niemand aus dem bürgerlichen Politikbetrieb würde im Ernst den Witwen von SS-Leuten die Rente aberkennen und dafür den Opfern von Massakern des faschistischen Militarismus zuerkennen. Niemand aus dem bürgerlichen Politikbetrieb würde im Ernst den Vertretern der deutschen Wirtschaft ihre Unterstützung und das Hochpäppeln eines Adolf Hitler übelnehmen, um sich mit den KZ-Zwangsarbeitern von I.G. Farben zu solidarisieren. Antifaschismus folgt aus der Totalitarismusdoktrin gerade nicht, wohl aber die Bekämpfung der Antifaschisten, deren Renten in der Bundesrepublik gerne zurückgefordert wurden, wenn der betreffende Verfolgte der Nazis in der BRD weiter Kommunist war. Nazidemonstrationen werden durch Polizei und Versammlungsrecht geschützt, während die antifaschistischen Gegendemos mit Gerichtsurteilen, Knüppeln und Pfefferspray bekämpft werden. Totalitarismus ist als Vorwurf nicht ernst gemeint.

Der totalitaristische Nazi wird in der BRD sicher beschützt. Nehmen wir ein Beispiel von vielen. Am 12. August 1944 ermorden Angehörige der SS-Panzergrenadierdivision „Reichsführer SS" im italienischen Sant' Anna di Stazzema etwa 560 Menschen, darunter 107 Kinder bis 14 Jahre - die übliche Vergeltung für Partisanenangriffe wie sie in ganz Europa massenhaft durchgeführt wurde. Die deutsche Justiz lässt sich trotz Zeugenaussagen und anderer Beweise Zeit, damit die rüstigen SS-Rentner Gelegenheit haben bei guter Gesundheit ihrem Tod in unbehelligter Freiheit und bei fetten Pensionen entgegen zu feiern. Am 1. Oktober 2012 entschließt man sich dann sogar noch zur Einstellung aller Verfahren[94]

---

[94] www.staatsanwaltschaft-stuttgart.de (2012).

mit der Begründung, man könne ja nicht jedem einzelnen Angehörigen dieser SS-Einheit einen genauen Tatbeitrag nachweisen, außer dass sie dabei waren. Und selbst wenn, müsste zur Tötung der Zivilisten auch noch ein Mordmerkmal kommen, wie etwa „niedere Beweggründe". Sonst sei das alles leider schon verjährt. Und vielleicht war die Erschießung gar nicht geplant, sondern nur die Verwendung als Zwangsarbeiter. Erst als sich das als nicht möglich herausgestellt hatte, wurde erschossen. Also nicht wirklich eine „befohlene Vernichtungsaktion gegen die Zivilbevölkerung"[95].

Das erklärt ein Polit- und Justizsystem, welches jeden Mauertoten einzeln beweint, Holzkreuze mit Fotodokumentation errichtet, Verurteilungen ausspricht. Den individuellen Tatbeitrag sucht eine Gerichtsbarkeit, welche schon bei Mitgliedschaft in einer bestimmten Vereinigung alle Mitglieder und Beteiligte an Aktionen in Kollektivhaftung nimmt (StGB §129ff). So genau scheint man das mit den Totalitaristen dann doch nicht bei allen zu nehmen.

Obwohl die Verteidiger des Kapitalismus suggerieren, derselbe würde in Verbindung zu einer Staatsform stehen - der Demokratie, ist ihnen jede Staatsform recht, die ihre Eigentums- und Wirtschaftsverhältnisse nicht antastet bzw. ihnen dienlich ist. Faschismus, Nationalsozialismus, Apartheid, Militärdiktatur? Mit Privateigentum an Produktionsmitteln, mit Kapitalumschlag, mit Ausbeutung fremder Arbeit: dann gerne, bitte sehr! Also nicht die Freunde des Finanzkapitals, sondern nur Leute, die gegenüber Gewalt als Herrschaftsinstrument sensibel sind und unangenehm berührt werden, reagieren auch auf den Vorwurf, dass eine Herrschaft totalitär sein soll. Totalitarismus ist eine Waffe, die nur im linken Veränderungslager anwendbar ist und dort auch wirkt, weil ihre Funktionsweise von den Linken zu selten thematisiert und daher wenig verstanden wird.

Die Totalitarismusdebatte, rot gleich braun, Stalin gleich Hitler, Naziverbrechen gleich Kommunismusverbrechen hat im Wesentlichen zwei Funktionen.

1. Verschleierungsfunktion: Jede Verbindung des Faschismus zu polit-ökonomischen Zusammenhängen des Systems Kapitalismus in Deutschland, Italien, Japan etc. soll verschleiert werden. Industrie, Finanzwesen, Diplomaten wären im Faschismus Gewalt, Drohungen und Missverständnissen erlegen. Dass z.B. das deutsche Establishment nach dem Scheitern ihres Aufholkolonialismus und der verlorenen Schlacht um die Neuordnung Europas im I. Weltkrieg als erstarkte Wirtschaftszone ein Bedürfnis nach territorialen Erweiterungen hatte und im Faschismus die radikalste Ideologie zum Umwerfen der politischen und Marktverhältnisse in der Welt sah, erwähnt der Totalitarismus-Theoretiker lieber nicht. Personelle und institutionelle Kontinuität vom Nationalsozialismus zur BRD wäre nicht deswegen

---

[95] www.focus.de (2012).

möglich und nötig gewesen, weil die Projekte so ähnlich waren, sondern weil ein Neuanfang ohne Kompetenz und Erfahrung nicht ginge. Eine Sichtweise, die man der Ostzone nach deren Anschluss an die BRD nie zugebilligt hätte. Da war man plötzlich sehr prinzipiell, was das Aussortieren von Personal und das Abwickeln von Institutionen betraf (unpassendes Motto: „die Fehler von damals nicht wiederholen"). Die Millionen Opfer der deutschen Administrations- und Militärmaschinerie des „Dritten Reiches" sind dem Bürger von heute natürlich unangenehm. Das soll aus ihrem bourgeoisen Schoß gekrochen sein? Um diesen Eindruck zu vermeiden oder wenigstens zu verwischen, ist die Erklärung eines Zusammenwirkens von Stalin und Hitler sehr beliebt[96]. 2. Weltkrieg? Den hat eigentlich Stalin angefangen, war nur eine Reaktion Hitlers, das Militär war sowieso dagegen. Holocaust? Stalin hat doch die Juden Hitler in die Hand gegeben, weil er sie auch loswerden wollte. Massenmorde in Weißrussland? Schuld der Partisanen, die auf Stalins Befehl die Wehrmacht provoziert haben und ihre Bevölkerung so als Opfer angeboten haben. Verhungerte sowjetische Kriegsgefangene? Da war doch Stalin schuld, weil er den Rückzug der sowjetischen Truppen verboten hatte. Diese Umdeutungen könnte man endlos weiterführen. Klar ist, dass nicht die faschistischen Bluttaten selber oder überhaupt irgendjemandes Bluttaten selber unangenehm sind, sondern ihre mögliche Verbindung zur bürgerlichen Lieblingswirtschaft - dem geldhörigen Kapitalismus. Insofern gehört die Kritik am Stalinismus und ihr korrektes Verständnis zu unserem Thema. Diese Ideologie und Kritik des Bürgertums am Stalinschen Terror verstehen wiederum die geistigen Erben des Stalinismus bis heute als Beleg dafür, dass Stalin vieles doch richtig gemacht hat.

2. Das führt zur zweiten Funktion des Totalitarismusbegriffes. Diskreditierungsfunktion: Jeder Veränderung der Eigentums- und Machtverhältnisse wird unterstellt, sich tendenziell in Richtung Stalinismus zu entwickeln - ein durchsichtiges Manöver. Aber in Verteidigung vor den bürgerlichen Anschuldigungen totalitär zu denken, tappen manche Linke, anstatt die falsche Moral zu entlarven, in die Rechtfertigungsfalle und ziehen mit der Abwehr der Stalinkritik die Vorwürfe auf sich und geben diesen teilweise aus Versehen Recht.

Der logische Fehlschluss lautet: Was mein Feind kritisiert, muss richtig sein. Und obwohl der Stalinismus geschichtlich erledigt ist und er geographisch nicht mehr existent ist, arbeiten seine übrig gebliebenen Verteidiger mit dieser billigen Denkart der Geldideologie in die Hände. Der Argumentationsweg „Der Feind meiner Feinde muss mein Freund sein…" führt sie zum Lob ausgerechnet Stalins als

---

[96] Siehe dazu z.B. „Bloodlands" von Timothy Snider und die entsprechende Reportage im Spiegel 28/11 ab S.46 (Wiegrefe, 2011)

cleveren Verwalter von historischen Notwendigkeiten. - Das ging eben unter den damaligen Verhältnissen nicht anders. Man müsse die konkreten Bedingungen der Zeit beachten. Das musste eben auch weh tun. Sonst wäre alles im Chaos versunken. - Das ignoriert, dass Stalins Entscheidungen nie auf der Grundlage vernünftiger Überlegungen oder Gespräche getroffen wurden, sondern, wie bei einer Ameisenkönigin, aus aktuellem machtpolitischen Kalkül, welches dann auch noch oft genug danebenlag.

Offensichtlich ging es in Stalins Denken nie um das Erreichen des Kommunismus, eine bessere Welt, die Abschaffung des Geldes oder Ähnliches. Theoretische Überlegungen zum Kommunismus hat er nicht hinterlassen. Unter „verschärften Bedingungen" des Klassenkampfes ging es um verschärften Kampf gegen irgendwelchen skrupellosen Feinde und Spione, die meist ehemalige Genossen waren. Lustiger Weise sah er den verschärften Klassenkampf nicht von außen auf sich zukommen, von wo er kam, sondern im Innern seines Landes wüten, als wäre die Sowjetunion der 30-er Jahre noch mitten im Bürgerkrieg (vgl. Losurdo S.100, S.113f, der in "Stalin - Geschichte und Kritik einer schwarzen Legende" die Stalinsche These vom sich verschärfenden Klassenkampf aufgreift und als richtig bestätigt und die millionenfache Ermordung von Kommunisten und anderen Sowjetbürgern damit als historisch verständlich darstellt [97].)

Klar, dass dieser Führer lieber mit Hitler und Churchill Verhandlungsfreund sein wollte, und nicht mit Trotzki oder Bucharin. Dabei ist es fast überflüssig zu erwähnen, dass der geniale Stalin weder die Motive der einen Seite, noch die der anderen verstand. In seiner Paranoia, die überall Gefahr witterte, nur nicht dort, wo sie war, übersah Stalin, der Freund aller Werktätigen, dass der eigentliche Volksfeind er selbst war und nicht irgendwelche „Abweichler"[98].

Anstatt die Gefahr zu erkennen, die von seinem Hauptfeind Nazi-Deutschland ausging, vertraute er einem Abkommen mit Hitler, welches eine Nichtangriffsvereinbarung enthielt. Um dem Ganzen die Krone aufzusetzen, ärgern sich Stalins Verteidiger darüber, wie sich das Stalinbild im Westen gewandelt hat, wo doch sogar die Nazis Stalin mochten. Andreas Wehr schreibt am 15.09.2012 in jw:

---

[97] Losurdo (2012). Andreas Wehr in der Jungen Welt über Losurdo und sein Buch: „Doch darüber hinaus weist er nach, daß sich die Staatsmacht in der Auseinandersetzung mit der trotzkistischen Opposition tatsächlich in einem Bürgerkrieg befand. Und dieser Bürgerkrieg wurde auch von der schließlich unterlegenen Opposition mit allen Mitteln geführt, wozu Sabotage, Mordanschläge und der offen proklamierte Aufruf zum Sturz Stalins gehörten." Leider eine übliche Technik der Poststalinisten, die nach dem Zusammenbruch des Realen Sozialismus auf diese deterministische Art nicht auch noch rückwirkend die Heimat ihrer Errettungs-Hoffnung verlieren wollen.

[98] Stalin (1970) vgl. S. 209 ff.

„Losurdo erinnert daran, daß Stalin in den ersten Jahrzehnten international keineswegs als das Monster und der Egomane angesehen wurde, als das er uns heute in den Medien entgegentritt. In den zwanziger und dreißiger Jahren war für das kapitalistische Lager vielmehr Trotzki das Feindbild Nr. 1: ‚›Trotzki, alias Bronstein‹, d. h. der jüdische Bolschewik schlechthin, ist 1929 für Goebbels derjenige, ›der vielleicht die meisten Verbrechen auf dem Gewissen hat, die je ein Mensch auf sich lud‹.‘ (S. 295) Ausgesprochen positiv fiel hingegen das westliche Urteil über Stalin im Zweiten Weltkrieg und unmittelbar danach aus.“[99]

Prima! Problem komparatistisch gelöst! Der eigentliche Verbrecher ist der „jüdische Bolschewik“ Trotzki, sagt immerhin Goebbels.

Stalins Bild und seine Veränderlichkeit zu untersuchen, kann man „Komparatistik“ nennen, wie Losurdo das tut. Nur führt das bei der Beurteilung von Stalins Politik zu nichts als zu einer freundlichen Rechtfertigung seiner Politik gegenüber denen, die man eigentlich angreifen wollte - gegenüber den Verteidigern des imperialistisch gestützten Kapitalumschlags. Wozu soll das nützen? Es gilt, im Gegenteil, aus den Fehlern zu lernen, nicht um Anerkennung im „westlichen Urteil“ zu finden, sondern um sie zukünftig zu vermeiden. Die sowjetische Entwicklung missverständlich als notwendige Phase auf dem Weg zum Kommunismus darzustellen, ruiniert jede Überlegung zu einem besseren Leben schon im Vorfeld. Besonders auffällig ist die schwache Logik, mit der dieselben Leute, welche die bürgerliche Ideologie intelligent durchschauen, bei der Stalinschen Ideologie wie Kinder an den Sinn des großen Ganzen glauben. Während die Argumente zur Umverteilung von unten nach oben im Kapitalismus als geheuchelt erkannt werden, die vorgeschobenen philanthropischen Kriegs- und Interventionsgründe als Propaganda bekämpft werden, die Terrorhysterie als Instrument zur Verschärfung der Überwachung im Innern richtig eingeordnet wird, meint man plötzlich, dass Stalin für die Ermordung von Millionen, Säuberungen in Partei und Militär, Fahrlässigkeit bei der Verteidigungsvorbereitung und Kriegsführung bestimmt gute Gründe hatte. Das war eben zum großen Teil den Umständen geschuldet, bei kleineren Formfehlern, versteht sich.

Mit dieser Nachlässigkeit in der kritischen Betrachtung ihres Idols entwerten die Stalin-Verteidiger ihre vielleicht brillante Kritik der bürgerlichen Ordnung. Sie nehmen die augenscheinlichen Parallelen von bürgerlicher Ordnung und Stalinismus nicht wahr. Wenn nämlich jede Kritik am Bürgertum auf die stalinistische Alternative hinausläuft, wird das jeden Nicht-Stalinisten abschrecken, auch diese Kritik nachzuvollziehen. Denn für die Weltverbesserung im Lager sterben, weil es gerade mal wieder „objektiv“ „verschärft“ „nicht anders geht“, darauf hat wohl niemand Lust.

---

[99] Wehr (2012) jw vom 15.09.2012.

Geradezu entlarvend sind die beliebten Churchill-Zitate der Poststalinisten, mit denen sie das ungeheure Prestige ihres Ex-Führers in aller Welt bezeugt sehen. Als ob die Zustimmung der größten Antikommunisten das Kriterium für richtige Handlungen sowjetischer Staatsleute ist. Losurdo schreibt:

„Zu den günstig beeindruckten Persönlichkeiten gehörte auch derjenige, der seinerzeit die militärische Intervention gegen das aus der Oktoberrevolution hervorgegangene Land angeführt hatte, nämlich Winston Churchill, der sich wiederholt so über Stalin ausgedrückt hatte: ‚Dieser Mann gefällt mir‘ (‚I like that man‘). Anläßlich der Konferenz von Teheran im November 1943 hatte der englische Staatsmann seinen sowjetischen Kollegen als ‚Stalin den Großen‘ begrüßt: Er sei der würdige Erbe Peters des Großen, er habe sein Land gerettet, indem er es in die Lage versetzte, die Invasoren zu besiegen.“[100]

Durch die Liquidation von Parteimitgliedern und Offizieren der Roten Armee hat Stalin offensichtlich die Verteidigungsfähigkeit der sowjetischen Menschen nicht brechen können. Churchill meint, dadurch hätte er sein Land gerettet. Das führt bei den Freunden des Stalinismus zum Argument, dass also doch irgendetwas richtig gelaufen sein muss, wenn sogar der Westen das so sieht. Warum sind sie dann nicht gleich Churchillisten? Dann würden sie nicht weiter den guten Ruf der in den „Säuberungen“ getöteten Menschen ruinieren, und das noch im Namen des Kommunismus.

Hypothetisch denke ich, dass die kommunistische Idee nicht nur möglicherweise zur stalinistischen Praxis führen konnte, sondern mit großer Wahrscheinlichkeit dazu führen musste, nicht automatisch, sondern weil die beteiligten Revolutionäre diese Entwicklung vor und während der Revolution und des Bürgerkrieges nicht problematisiert hatten (übrigens im Gegensatz zu der auch schon damals allseits beklagten Bürokratisierung der nachrevolutionären Gesellschaft). Ein bitterer Fehler, dessen Wiederholung tödlich wäre und eine nichtkapitalistische Gesellschaft unmöglich machen würde. Stalinismus heißt: Kapitalismus und Geld für immer.

Dieser von mir weiter oben beschriebene Übergang ist also das eigentliche Problem der Nachgeldwelt, und nicht so sehr einzelne theoretische Schwächen, die man im Nachgang gemeinsam ausräumen kann.

Der Grund für meine Hypothese liegt in der Psychologie der Weltverbesserer, zu denen die Kommunisten zweifellos gehören:

Ich habe vor, für die Menschheit das Leben besser zu gestalten, als es mir bis jetzt zu sein vorkommt. Diese Idee gibt mir eine moralische Überzeugung, im Recht zu sein. Weil die bisherige Macht ihre Position mit aller Brutalität aufrecht erhält, rechtfertigt das Opfer und

---

[100] Losurdo, http://www.jungewelt.de, (2012) jw vom 11.08.2012.

Verluste auf dem Weg zur vermeintlich besseren Zukunft[101]. An dieser Stelle befinde ich mich noch nicht beim Massenmord oder Massenzwangslager, sondern zum großen Teil sind die Bedingungen des Widerstands durch die bis dahin Herrschenden diktiert. Es existiert aber nun Idee und Instrument zur Gewaltausübung auf dem Weg zum Ziel. Dieses Apparates kann sich der praktisch Geschickteste und Skrupelloseste bemächtigen, solange die anderen dieses Übergangsproblem nicht thematisieren. Er kann dann, unter Vorgabe derselben oder einer ähnlichen „Revolutions-Idee", den Terror zu seinem privaten Machtmittel umfunktionieren, ohne dass es besonders auffällt. Religiöse Verklärung der revolutionären Anfänge und Führer wird seine suggestive Macht stützen. Selbst wenn natürlich wachsame Leute die Wandlung bemerken, kann der Usurpator schnell und entschlossen diese Gruppe ausschalten, bevor er sich schließlich die gesamte Gesellschaft unterwirft. So wird sich, ähnlich wie in der französischen Revolution, der Terror auf jeden Fall besonders fatal gegen die Mitrevolutionäre wenden.

Die militärische Führung der Revolution muss von der sozialen Entscheidungsgewalt so weit wie möglich getrennt werden. Es geht nicht nur um gedankliche Bearbeitung der verschiedenen Machtoptionen gegenüber der Konterrevolution, um Stalinismus zu

---

[101] Zur Illustration eine zwar für den Kommunismus nicht repräsentative, aber sehr anschauliche Stilblüte aus Netschajews Revolutionärem Katechismus (Netschajew, 1870): Die Einstellung der (Geheim-)Gesellschaft gegenüber dem Volk 22. Die (Geheim-)Gesellschaft hat kein anderes Ziel als die vollkommene Befreiung und die vollkommene Zufriedenheit der Massen, das heißt der Menschen, die von Hände-arbeit leben. In der Überzeugung, daß ihre Emanzipation und die Sicherstellung ihrer Zufriedenheit nur als Folge eines alles zerstörenden Volksaufstandes herbeigeführt werden können, wird die Gesellschaft alle ihre Mittel und ihre ganze Kraft darauf lenken, die Not und die Leiden des Volkes zu steigern und zu intensivieren, bis schließlich seine Geduld erschöpft ist und es zu einem allgemeinen Aufstand getrieben wird. 23. Unter Revolution versteht die Gesellschaft keinen in Ordnung sich vollziehenden Aufstand nach dem klassischen westlichen Vorbild, ein Aufstand, der stets kurz vor dem Angriff auf die Rechte des Eigentums und die traditionelle gesellschaftliche Ordnung der sogenannten Zivilisation und ihrer Moral stehenbleibt. Bis jetzt hat sich eine solche Revolution stets darauf beschränkt, eine politische Ordnung zu stürzen, um sie durch eine andere zu ersetzen, wobei sie den Versuch unternahm, einen sogenannten revolutionären Staat zu schaffen. Die einzige Form einer Revolution, die dem Volk zugute kommt, ist die, die den gesamten Staat bis zu seinen Wurzeln hinab vernichtet und alle staatlichen Traditionen, Institutionen und Klassen in Rußland ausrottet. 24. Mit diesem Ziel vor Augen lehnt die Gesellschaft es daher ab, irgendeine neue Organisation von oben her dem Volk aufzuerlegen. Jede künftige Organisation wird sich zweifellos durch die Regsamkeit und das Leben des Volkes durchsetzen; aber das ist eine Angelegenheit, die künftige Generationen zu entscheiden haben werden. Unsere Aufgabe ist furchtbare, totale, universale und erbarmungslose Zerstörung.

verhindern, sondern vor allem um die überlegte innere Struktur der neuen Gemeinschaft, welche nichtstaatlich organisiert sein kann. Denn ohne Geld und die ihm unterworfenen Wirtschaftszwänge werden auch die Gegensätze zwischen den Menschen nicht mehr struktureller, sondern auflösbarer Natur sein. Zwischenmenschliche Gewalt wird also sukzessive überflüssig.

4 politische Außenbeziehungen und Militär

Solange es die Wirtschaftsform des Kapitalverkehrs gibt, welche vom bürgerlichen Staat in repräsentativ-demokratischer, faschistischer oder anderer monarchistischer Form garantiert wird, steht sie anderen menschlichen Wirtschaftsmodellen nicht gleichgültig gegenüber. Da das Kapital auf Grund seiner Verwertungslogik immer eine expansive Aggressivität nach außen an den Tag legen muss, reagiert es auf Wirtschaftszonen, die seinem Zugriff prinzipiell entzogen sind, wie ein Allergiker.

Das richtet sich auch gegen alternative Geldmodelle, auf die sie politisch wenig Einfluss haben, die ihrem Monopolradikalismus verschlossen sind.

Die Freunde und Vertreter des Prinzips Geld-muss-mehr-Geld-bringen haben einen sehr feinen Instinkt für Lebensformen, die ihrem Verdienstmodell nicht entsprechen und damit auf jeden Fall eine tendenziell existentielle Bedrohung darstellen. Denn auf ihre Konkurrenzkraft allein haben die Wettbewerbsfanatiker noch nie vertraut. Zur Sicherung ihrer Gewinnbedingungen ist Gewalt ihr Mittel der Wahl. Weit davon entfernt, eine Koexistenz von politisch und ökonomisch unterschiedlichen Ideen zu tolerieren, werden sie sofort extrem wütend, sobald sich ein Gebiet oder eine Personengruppe ihrer Geldverwertungsideologie praktisch entziehen und sich auch theoretisch als ihrer Logik nicht zugänglich erweisen. Konkurrenten ihres Schlages räumen sie schon brutal aus dem Weg. Wie viel weniger Skrupel werden sie da bei Systemgegnern haben?

Obwohl ihr eigentliches Hauptproblem ist, dass man dort nichts kaufen, verkaufen, anlegen, abziehen kann, spüren sie mit zielstrebigem Instinkt des Geldmenschen, dass diese Probleme außer ihnen niemand interessieren müssten. Deswegen formulieren sie ihre Kritik subtiler. Den „Menschen" werden Dinge vorenthalten, wie Pornohefte und moderne Elektronik. Die „Menschenrechte" werden nicht eingehalten, weil die dortigen Einwohner nicht geldgestützten Wahlkampagnen folgen dürfen. Die haben da nicht die großen Möglichkeiten der persönlichen Freizügigkeit, die die Oberschicht und ihre Nächstfolgenden im Kapitalismus der westlichen Hauptländer haben.

Darauf aufbauend kündigen sie pausenlos an, dass den Menschen in der nichtkapitalistischen Welt geholfen werden muss, sie sollen befreit werden … nicht aus Eigeninteresse der Geldverwalter, sondern aus allgemein menschlichen Erwägungen. Etwas unbedarfte Naturen werden diese vorbildliche Hilfsbereitschaft zunächst ernst nehmen, was gefährlich ist. Lustiger Weise verlangt niemand, im subsaharischen Afrika volle Reisefreizügigkeit herzustellen. Wollen Afrikaner selbst die Heimat der aufgeklärten Menschlichkeit im Norden besuchen, die sie sonst nur von den hochsubventionierten Hähnchenteilen, Kino- und Musikproduktionen oder umweltzerstörendem Rohstoffklau kennen, endet ihre Reisefreiheit in „Auffanglagern" oder auf dem Grund des Mittelmeeres.

Womit muss man als Nichtgeldmensch in der Außenpolitik der kapitalistischen Länder zwischen ideologischen Nebelkerzen und militärischer Bedrohung also rechnen?

Die Sieger in der Geldverwertung führen einen vielschichtigen Kampf gegen den Rest der Menschheit. Zuerst müssen sie in der kapitalistischen Konkurrenz die anderen aus dem Feld schlagen, um Kapital zu vermehren. Das führt zu einem Kampf nach innen und außen. Außerhalb ihres Stammmarktes müssen ständig neue

Marktsphären erschlossen werden. Geht es nicht anders, erfordert dies militärische Gewalt zur Sicherung von Rohstoffquellen und im Kampf gegen widerständige regionale Regierungen[102].

Innerhalb ihrer politischen Einflusssphäre müssen sie ihr militärisches und außenpolitisches Engagement als etwas anderes verkaufen, als es ist. Nämlich gerade nicht als Versuch, unter den weltweiten polit-ökonomischen Bedingungen mit Gewalt einen Vorteil herauszuholen bzw. mal wieder prinzipiell zu zeigen, wer das Sagen hat. Menschen sterben nicht gerne oder sehen andere sterben, nur weil irgendein Idiot die Kontrolle über Ölpipelines oder eine Diamantmine anstrebt. Der moderne Opportunist will gute Gründe hören, um seinen Sohn in den Krieg zu schicken. „Unsere Freiheit" ist bedroht, sonst sterben „unschuldige Frauen und Kinder", bald werden „wir" mit Massenvernichtungswaffen angegriffen - auf diesem Niveau sollte die Propaganda sich schon bewegen, um beim Volksgeist Erfolg zu haben.

Die militärischen Interventionen werden folgerichtig begleitet von einem mindestens ebenso großen medialen Aufwand zur Verschleierung der tatsächlichen Ziele und zur ethischen Diskreditierung des Gegners. Wir haben es noch im Ohr und vor Augen:

Der „Hitler" von Bagdad - George Bush Senior am 6. August 1990 über Saddam Hussein[103],

„After all, this is the guy, who tried to kill my dad." - George Bush Junior über denselben zur Rechtfertigung des Bodenkriegs im Irak ohne Beweise (außer von Colin Powell gefälschten) für Massenvernichtungswaffen und vor dessen Hinrichtung[104];

Mansour al-Nasr in Focus Online vom 26.03.2011 über Gaddafi: „Mansour Saif al-Nasr: Aber Gaddafi ist in mancher Hinsicht doch schlimmer als Hitler…

FOCUS Online: Nein! Das ist wohl ein gewagter Vergleich? Ist das nicht eine ganz andere Größenordnung des Wahnsinns?

Al-Nasr: Immerhin hat Hitler nicht die Leute im eigenen Land getötet wie Gaddafi."[105], so der banalisierte Hitlervergleich ergänzt durch Gruselgeschichten über Gaddafis Angriffe auf Demonstranten mit Flugzeugen oder massenweises Verteilen von Viagra zur ebenso massenweisen Vergewaltigung der Zivilbevölkerung;

---

[102] Vgl. Verstaatlichung der Erdölindustrie in Venezuela und Ecuador begleitet von Putschversuchen (2002 und 2010) Made in USA, oder Elfenbeinküste: Präsident Gbagbo wollte die Kakaoproduktion verstaatlichen und wurde durch französische Truppen mit einheimischen Kollaborateuren 2011 gestürzt.

[103] www.pbs.org (2012).

[104] articles.cnn.com (2002).

[105] Weber-Lamberdiere (2011).

„Die Schöne und das Biest" - Weltonline vom 06.12.2011 über den syrischen Präsidenten B. Assad und seine Frau[106],
„Der Schlächter von Damaskus Baschar Assad redet von Waffenruhe - und lässt weiter auf sein Volk feuern" - das Manager Magazin Online vom 05.04.2012 über Assad[107],
Syrien kommt auf die „Liste der Schande" wegen angeblichen Missetaten der syrischen Regierung gegenüber Kindern - tagesschau.de vom 22.06.2012[108]; Schäuble vergleicht in der „Zeit" Hitler mit dem russischen Präsidenten Putin: „Bundesfinanzminister Wolfgang Schäuble hat Parallelen gezogen zwischen Russlands Vorgehen in der Ukraine und dem Nazi-Deutschlands, als es die Tschechoslowakei im Jahre 1938 teilweise annektierte. ‚Das kennen wir alles aus der Geschichte. Solche Methoden hat schon der Hitler im Sudetenland übernommen - und vieles andere mehr', sagte der CDU-Politiker bei einer Veranstaltung mit Berliner Schülern."[109] Als faschistische Milizen mit wirklichem, positivem Hitler-Bezug in aller Ruhe in der Ukraine Bürgerkrieg führen, zeigt die Bundesregierung sich eher verständnisvoll.

Es sagt viel aus über das Zielpublikum solcher Qualitätsformulierungen, wenn deren Verfasser die Leser und Hörer als kindliche Einfaltspinsel einschätzen, denen man in pubertärer Sprache wie in einem Horrormovie erklärt, warum jemand der Feind der Welt-Menschheit ist.

Man rechnet offensichtlich damit, dass dem Publikum unbewiesene Anschuldigungen und eine Mischung aus Benennungen und oberflächlichen Erklärungen wie im Märchen ausreichen, um beruhigt einem neuen Krieg zuzustimmen bzw. nichts dagegen zu unternehmen.

Der Gegner tötet also meistens unschuldige Zivilisten, foltert, missbraucht Kinder, lässt keine freien Medien zu und ist generell böse und grausam. Alles Dinge, die plötzlich für die Weltöffentlichkeit so unerträglich werden sollen, dass man humanitär eingreifen muss und zwar zu Gunsten einer regelmäßig bereitstehenden Opposition, die die westliche Wertegemeinschaft schnell bewaffnet. Die „Guten" aus den zivilisierten Ländern setzten die „Diktatoren" auf die Liste der Schande und nach verlorenem Krieg kommen die überlebenden Restbestände der alten Regierung vor irgendwelche humanitären oder Militärgerichte. „Überlebende Reste", weil in der Regel der Blutdurst der Verteidiger ihrer Geldinteressen und der Menschenrechte so groß ist, dass sie verbrannte Erde und Leichenberge hinterlassen (Vietnam, Chile, Jugoslawien, Irak, Afghanistan, Libyen, Syrien, Ukraine … to be continued).

---

[106] Keller (2012) welt.de.
[107] www.manager-magazin.de (2012).
[108] www.tagesschau.de (2012).
[109] zeit.de (2014).

Wer hier den richtigen Moment zur Vorbereitung und Prävention verpasst, wird von einem skrupellosen Gegner physisch und medial überrollt. Wahlen hin oder her.

Nach der Pariser Kommune 1871 bezahlten Zehntausende Männer, Frauen und Kinder den Wunsch nach einer alternativen Gesellschaftsordnung mit Leib und Leben.

In der Spanischen Republik 1936-1937 wurde nur der leiseste Ansatz eines nichtkapitalistischen Gemeinwesens brutal zerbombt, unter Begünstigung der Faschisten durch die restlichen bürgerlichen Parteien des demokratischen Westeuropas. Kuba (ab 1959) und Nikaragua (zur Zeit des sozialistischen Aufbaus nach 1979) waren militärischen Angriffen, Attentaten und Embargos ausgesetzt. Nur in Hollywood-Filmen sieht es so aus, als wären diese Miniländer für die USA eine Bedrohung gewesen.

In Vietnam, Chile und Nikaragua hat die Kapitalseite gleich die Kriegskarte gezogen. Entweder es werden Militärs und Paramilitärs zur Niederschlagung der Alternative ins Rennen geschickt oder man kommt selbst mit Bomben, Giftgas und eingebetteten Journalisten vorbei.

Aus dieser unentspannten Prinzipienreiterei der Geldliebhaber und Geldvermehrer resultieren leider auch die Gegenmaßnahmen der Nachgeldmenschen. „Leider", weil man natürlich auch etwas anderes zu tun hätte, als mit Metallstücken durch die Gegend zu werfen und zu rennen.

Angesichts des extrem hochgerüsteten militärischen Komplexes der Sowjetunion und ihrer Verbündeten, der ihnen im entscheidenden Moment genau nichts genützt hat, darf der Sinn einer Militarisierung der Gesellschaft bezweifelt werden. Um gleichwohl der zu erwartenden Bedrohung durch kapitalexportierende Staaten zu begegnen, sind asymmetrische Maßnahmen nötig, die den wahnhaften Kriegsphantasien von für Geld arbeitenden Berufssoldaten und sonstigen Machtfanatikern Einhalt gebieten, ohne dass wir alle sterben.

Wegen der von mir angesprochenen Verdopplung des Krieges in eigentliches Kampfgeschehen und mediale Rechtfertigung ist der Aufbau einer gut informierten und informierenden Gegenöffentlichkeit der erste und wichtigste Punkt auf der Agenda der Bewahrung von alternativen Möglichkeiten. Dem „Kriegsverbrechertribunal" der kriegsverbrechenden Seite ist ein ebensolches von den anderen entgegenzusetzen. Die „Liste der Schande" konterkariert man mit der Liste der Fakten. Internationale Haftbefehle und Tribunale kann jeder einrichten.

Die üblichen Anknüpfungspunkte der westlichen Wertegemeinschaft in ihren Feindgebieten sind nationale oder religiöse Diversifizierungen. Nicht nur deshalb, aber zum Selbstschutz der neuen Gemeinschaft müssen alle religiösen und ehemals nationalen Unterschiede beseitigt bzw. ins Private überführt werden. „Schöne" nationale Traditionen, wie das Schnitzen von Holzlöffeln, gemeinsames Singen und traditionelle Tänze, Beschneidungen etc. sind nie ein Grund auf andere Menschen loszugehen. In der Realität bereiten diese bizarren Traditionen aber genau das vor - das gegenseitige Abschlachten im Interesse neuer lokaler und internationaler Eliten, weil die anderen ihre Löffel anders schnitzen, bestimmte Wörter anders aussprechen, nicht diese oder jene religiösen Rituale einhalten und überhaupt auf der falschen Seite vom Dorf wohnen. Hebt nicht eure Unterschiede auf, sondern die Zuordnung zu verschiedenen Gruppen durch alberne kulturelle Merkmale, die nur historisch, zufällig beschränkter Natur sind!

Einen großen Anteil am Rüstungsaufwand kann man immer über intelligente Gegenspionage einsparen. Kennt man die Interessen und Möglichkeiten des Gegners, braucht man nicht jede blöde Bombe nachzubauen.

Überhaupt liegt das Hauptinteresse der Nachgeldmenschen nicht auf der Produktion von Vernichtungswaffen, sondern auf Konfliktvermeidung und Unschädlichmachen von gegnerischen Waffensystemen. Die Hauptrolle hierbei dürfte IT-Technik spielen. Intelligente digitale Lösungen sind in jedem Fall blutigen, körperlichen Treffen vorzuziehen.

Bei allem militärischen Minimalismus spielen die Luftstreitkräfte die Hauptrolle bei der Verteidigung des Territoriums. Der militärische Einstieg der imperialen Großmächte in anderen Gebieten erfolgt über Luftaufklärung, Bombardierung von zivilen und militärischen Zielen und Drohnen, welche auf Befehl und ohne weitere Legitimation jeden Menschen auf der Erdoberfläche töten können. Die etwa 3000 Toten der letzten Jahre durch US-Drohnen sind nach bürgerlichen Maßstäben Mordopfer, da sie ohne rechtsstaatliches Verfahren getötet werden[110]. Niemand (oder fast niemand) der rechtsstaatlich gebildeten

---

[110] www.ag-friedensforschung.de (2012). Die AG Friedensforschung schreibt ab aus dem Neuen Deutschland vom 28.04.2012: „Die NATO-Länder sind in die US-Schattenkriege direkt mit eingebunden. Trotzdem regt sich dort kein nennenswerter Widerstand. Und das, obwohl der Drohnenkrieg von Protagonisten als eine neue, ‚saubere' Art der Kriegsführung bezeichnet wird, vergleichbar einem Videospiel. Die Bush-Regierung hatte nach den Anschlägen vom 11. September 2001 die Drohnenüberwachung im Nahen Osten, in Südasien und Afrika ausgeweitet und erste ‚gezielte Tötungen' angeordnet. Unter Präsident Obama entwickelten die USA ein weltweites Netz für Drohnenüberwachung und -anschläge. Wie die ‚Washington Post' Ende vergangenen Jahres berichtete, gibt es inzwischen ‚Dutzende von geheimen Einrichtungen'. Von zwei Operationsbasen innerhalb der USA aus würden Militärs an Videobildschirmen Abschusshebel betätigen. In ‚mindestens sechs Ländern auf zwei Kontinenten' würden die Bilder, die die Drohnen einfangen, von US-amerikanischem Personal analysiert. Schätzungen gehen davon aus, dass in den vergangenen Jahren etwa 3000 Menschen geheimen US-Drohnenangriffen zum Opfer gefallen sind."

Bürger regt sich nennenswert darüber auf. Genauso wie die menschenrechtsfreundliche Öffentlichkeit sich nicht daran stört, das die USA, welche als einziges Land Atomwaffen eingesetzt haben, nun alle anderen darüber belehren, wie mit Massenvernichtungswaffen umzugehen ist, während sie diese munter in aller Welt an ihre Verbündeten verbreiten. Widerstand tut Not, weil sonst niemand hilft.

Die wichtigen Produktionsanlagen und Wohngebiete müssen gegen terroristische Anschläge geschützt werden. Es müssen unterirdische und alternative Transport- und Lagermöglichkeiten geschaffen werden. Für das Militär ist eine Ausbildung in Intervallen und mit Freiwilligen einer riesigen stehenden Streitmacht vorzuziehen. Der zivile und der militärische Sektor müssen effektiv zusammenarbeiten, was eine der Hauptlehren aus dem Versagen der Sowjetarmee beim Technologietransfer in zivile Projekte ist.

Alle antikapitalistischen Volksbewegungen weltweit müssen unterstützt werden. Stalins Idee, die antifaschistischen Befreiungsbewegungen in Griechenland, Italien und Frankreich nach dem 2. Weltkrieg zu befrieden, damit ihn der kapitalistische Westen in Ruhe lässt, ist mit dem Kalten Krieg komplett nach hinten losgegangen und hat auch noch die Bevölkerung dieser Länder um alle Chancen auf selbständige Befreiung von der Herrschaft der Geld-Oligarchen gebracht.

Die Nachgeldwelt muss mit der Skrupellosigkeit der Geldliebhaber bei der Wiedereroberung verlorener Gebiete rechnen, ohne sich auf deren Niveau herunterziehen zu lassen. Wie gesagt, es gibt Wichtigeres als Tötungsmaschinen - aber für dieses Wichtigere ist Voraussetzung, dass man sich nicht töten lässt, dass man lebt.

Kapitel 7

Ausblick

Mögen die Sätze von Marx nicht ewig Gültigkeit haben:
„Ich bin geistlos, aber das Geld ist der wirkliche Geist aller Dinge, wie sollte sein Besitzer geistlos sein? Zudem kann er sich die geistreichen Leute kaufen, und wer die Macht über die Geistreichen hat, ist der nicht geistreicher als der Geistreiche? "[111]
Mit der Vorlage dieses Büchleins ist ein Abschmettern der Kapitalismuskritik durch ein „Wie-denn-sonst?" nicht mehr möglich. Ich habe die Dogmen der Prediger und Verteidiger der Geldgesellschaft widerlegt, so dass meine Argumente solange gelten, bis sie ihrerseits jemand widerlegt.
Die Diskussion des hier entwickelten Vorschlags ist sehr erwünscht und führt hoffentlich zu einer verbesserten zweiten Auflage.
Das übliche „Das kann nicht funktionieren! " sollten denkende Menschen bitte erst nach einem entsprechenden Kopfzerbrechen zulassen.
Mit akademischer Beachtung ist in Deutschland wohl kaum zu rechnen. Aber wenn du irgendwo Professor bist, dann versuche, entgegen deiner Gewohnheit, auch auf ein paar inhaltliche Aspekte einzugehen. Dass ganz wichtige Denktraditionen bei mir nicht vorkommen oder die Fußnoten in ihrer Form nicht nach deinem Gusto sind, können wir einfach voraussetzen. Das spart Zeit für die effektive Diskussion.
Wem Finanzen wie mir auf die Nerven gehen, muss sich Leute suchen, denen das ähnlich geht, und sich zusammentun. Viele Formen des geldfreien Lebens kann man untereinander ausprobieren, wobei man natürlich im Blick behält, dass es in der falsch organisierten ökonomischen Welt nur stückweise ein nichtökonomisches Menschsein geben kann[112]. Wenn man kostenlos in einem

---

[111] Marx, Geld in Ökonomisch-Philosophische Manuskripte (1977) „Geld"
 S.564f.

[112] www.justfortheloveofit (2012). Aus dem Internet-Blog der
 "freeconomycommunity" - Leben ohne Geld - den Übergang schaffen:
 Living without Money - making the transition Living without money. On
 first inspection, these three words sound extreme and would seem to involve
 no small amount of sacrifice. I can understand why. The cultural story that is
 money has such a powerful hold on our minds today that we have come to
 believe that we could not possibly ever live without it. Living without clean
 air, fresh water and fertile soil bizarrely seems a more moderate challenge in
 comparison. Yet on closer inspection, our reaction towards even the

Wohnwagen wohnt, den einem jemand geschenkt hat und wenn man von den Abfällen der Geldgesellschaft lebt, hat man vielleicht für sich selbst den Eindruck, dass es ohne Geld geht. Allerdings blendet man aus, dass die Voraussetzung für Geschenke und Abfälle eben jene Geldgesellschaft mit all ihren brutalen Folgen ist, die man persönlich ablehnt. Ohne die Abschaffung des Geldes geht der ganze Dreck in einer Endlosschleife weiter und die Schriftsteller erzählen für immer Geschichten von ökonomischen Tieren. Dann erfahren wir die Geschichte der Menschen doch nicht.

Schritte zur Verwirklichung der konkreten Utopie können klein sein, müssen aber gesellschaftlich sein. Zweifellos hilft dabei die bewusste Reflexion des Menschseins ohne Geld. Im Zentrum der geldfreien konkreten Utopie steht aber nicht, worauf man verzichten kann und muss, sondern was wir alles gewinnen können und werden, nämlich einen Reichtum, der nicht abstrakt ist, sondern sich an Gebrauchswert und Wohlbefinden misst. Dazu gehören viele Dinge nichtmaterieller Natur. Der Mensch lebt nicht vom Geld.

---

discussion of moneyless living reveals more about the extremity of our own indoctrination, our own conditioning, than it does about the way of life itself. For to see the non-monetary economy in action, one need only go for a simple walk in the woods, cook dinner for a friend or swim in our vast oceans. Every other species on Earth lives without money. Our ancestors had no notion of money, and many peoples still resist it today, even against all the might of the military-industrial complex and the cultural missionaries spreading its Word.

Literaturverzeichnis

- *articles.cnn.com*. (27. September 2002). Abgerufen am 9. Oktober 2012 von http://articles.cnn.com/2002-09-27/politics/bush.war.talk_1_homeland-security-senators-from-both-parties-republican-phil-gramm?_s=PM:ALLPOLITICS

- Althusser, L. (1970). *web.archive.org*. Abgerufen am 20. Oktober 2012 von http://web.archive.org/web/20070929102715/http://www.marxistische-bibliothek.de/louis_althusser.pdf

- Aristoteles. (1957). *Politik II 1-5, nach der Übersetzung von C. und A. Stahr, Stuttgart 1860, in „Philosophische Aspekte der Politik".* Münster: Aschendorff.

- Badiou, A. (2006). *Das Jahrhundert.* Zürich: diaphanes.

- Barbusse, H. (1935). *Stalin - Eine neue Welt, aus dem Französischen übersetzt von Alfred Kurella.* Paris: Rotfront Reprint, http://www.kpd-ml.org/doc/partei/stalin_barbusse.pdf.

- Brecht, B. (1967). *Gesammelte Werke 9, Gedichte 2.* Frankfurt a.M.: Suhrkamp Verlag.

- credit-suisse.com. (8. Oktober 2010). *credit-suisse.com.* Abgerufen am 20. Oktober 2012 von https://www.credit-suisse.com/upload/news-live/000000022231.pdf

- de Moraes, V. (1960). *Antologia Poética.* Rio de Janeiro : Editora do Autor.

- Dostojewski, F. (2008). *Die Dämonen.* Frankfurt a.M. und Leipzig: Insel Verlag.

- Ferguson, N. (2011). *Der Aufstieg des Geldes.* Berlin: List Taschenbuch.

- Fromm, E. (1990). *Die Kunst des Liebens.* Frankfurt a.M/ Berlin: Ullstein Verlag .

- Fromm, E. (1979). *Haben oder Sein.* München : DTV.

- Gabler. (2010). *Wirtschaftslexikon.* Wiesbaden: Gabler.

- Günther, R. (1984). *Der Aufstand des Spartakus.* Berlin: Dietz Verlag .

- Henkel, K. (November 2001). *lateinamerikanachrichten.de.*

- Abgerufen am 07.. Oktober 2012 von http://www.lateinamerika-nachrichten.de/index.php?/artikel/1442.html

- *http://de.wikipedia.org/wiki/Pressefreiheit.*

* Kant, I. (1784). *Beantwortung der Frage: Was ist Aufklärung.* Berlin: Berlinische Monatsschrift. Dezember-Heft .

* Kaufmann, K. (25. November 2011). *taz.de.* Abgerufen am 20. Oktober 2012 von http://www.taz.de/! 82613/

* Keller, G. (6. Februar 2012). *www.welt.de.* Abgerufen am 9. Oktober 2012 von http://www.welt.de/politik/ausland/article13853801/Die-Schoene-und-das-Biest-Asma-und-Baschar.html

* Lafargue, P. (2010). *Das Recht auf Faulheit.* Frankfurt: Trotzdem Verlag.

* Ligatschow, J. (2012). Angriff gegen alles Zentrale. *junge Welt* , 10-11.

* Losurdo, D. (11. August 2012). *http://www.jungewelt.de.* Abgerufen am 9. Oktober 2012 von http://www.jungewelt.de/2012/08-11/025.php

* Losurdo, D. (2012). *Stalin - Geschichte und Kritik einer schwarzen Legende.* Köln: PapyRossa Verlag.

* Marx, K. (1977). *Geld in Ökonomisch-Philosophische Manuskripte* (Bde. MEW, Ergänzungsband I). Berlin, DDR: Dietz Verlag.

* Marx, K., & Engels, F. (1975- 1978). *MEW.* Berlin: Dietz Verlag.

* Morus, T. (1960). *Utopia.* Reinbek: Rowohlt Verlag.

* Netschajew, S. (1870). *www.physiologus.de.* Abgerufen am 9. Oktober 2012 von http://www.physiologus.de/komment/lit/netscha.htm

* Neuber, H. (7. April 2009). *heise.de.* Abgerufen am 20. Oktober 2012 von http://www.heise.de/tp/artikel/30/30090/1.html

* Nick, H. (2011). *Ökonomiedebatten in der DDR* . Schkeuditz: GNN .

* Ortega y Gasset, J. (1956). *Historia como Sistema (Geschichte als System), 1941, Gesammelte Werke Bd. IV.* Stuttgart: Deutsche Verlags-Anstalt.

* Platon. (1991). *Politeia 457d.* Frankfurt Main und Leipzig : Insel Verlag.

* poverty.com. (2012). *poverty.com.* Abgerufen am 20. Oktober 2012 von http://www.poverty.com/index.html

* Sartre, J.-P. (1989). *Ist der Existentialismus ein Humanismus? Drei Essays.* Frankfurt a.M.: Ullstein.

* Schäfer, U. (17. Mai 2010). *sueddeutsche.de.* Abgerufen am 20. Oktober 2012 von

http://www.sueddeutsche.de/wirtschaft/korruption-die-siemens-affaere-eine-bilanz-1.143087

- Sloterdijk, P. (2009). *Du mußt dein Leben ändern.* Frankfurt am Main: Suhrkamp.

- Sloterdijk, P. (13. Juni 2009). *faz.net.* Abgerufen am 21. Oktober 2012 von http://www.faz.net/aktuell/feuilleton/debatten/kapitalismus/die-zukunft-des-kapitalismus-8-die-revolution-der-gebenden-hand-1812362.html

- Spiegel, D. (25. Juni 2012). Eine Anhäufung von Nullen. *Der Spiegel* , S. 128f.

- Stalin, J. (1970). *Zu den Fragen des Leninismus.* Frankfurt/ Main: Fischer.

- Visao. (5. April 2012). Sociedade Tendencia. *Visao* , S. 76.

- von Braun, C. (2012). *Der Preis des Geldes.* Berlin: Aufbau Verlag.

- Wagener, H.-J. (2012). *Geld und Finanzmärkte.* München: Verlag Beck .

- Weber-Lamberdiere, M. (26. März 2011). *www.focus.de.* Abgerufen am 9. Oktober 2012 von http://www.focus.de/politik/ausland/krise-in-der-arabischen-welt/tid-21796/libyen-nur-eine-frage-der-zeit-dass-tripolis-faellt_aid_612403.html

- Wehr, A. (15. September 2012). *www.jungewelt.de.* Abgerufen am 9. Oktober 2012 von http://www.jungewelt.de/2012/09-15/025.php

- welt.de. (31. August 2012). *welt.de.* Abgerufen am 30. September 2012 von http://www.welt.de/politik/ausland/article108891084/Suedafrika-erhebt-gegen-Bergarbeiter-Mordanklage.html

- Wiegrefe, K. (11. Juli 2011). Ein Apparat effizienten Tötens. *Spiegel* , S. 46f.

- *wikipedia.org.* (21. September 2012). Abgerufen am 20. Oktober 2012 von http://de.wikipedia.org/wiki/Pressefreiheit

- wikipedia.org/wiki/Pressefreiheit. (21. September 2012). *wikipedia.org/wiki/Pressefreiheit.* Abgerufen am 20. Oktober 2012 von http://de.wikipedia.org/wiki/Pressefreiheit

- Winstanley, G. (1983). *Gleichheit im Reiche der Freihei.* Leipzig: Verlag Philipp Reclam jun. .

- *www.ag-friedensforschung.de.* (April 2012). Abgerufen am 9. Oktober 2012 von http://www.ag-friedensforschung.de/themen/Drohnen/konferenz.html

- *www.focus.de*. (1. Oktober 2012). Abgerufen am 9. Oktober 2012 von http://www.focus.de/panorama/welt/ss-massaker-in-italien-1944-keine-anklage-gegen-ehemalige-ss-soldaten_aid_830300.html

- *www.justfortheloveofit*. (26. September 2012). Abgerufen am 9. Oktober 2012 von http://www.justfortheloveofit.org/blog-6665 how-can-we-improve-freeconomy-for-you?

- *www.manager-magazin.de*. (5. April 2012). Abgerufen am 9. Oktober 2012 von http://www.manager-magazin.de/politik/weltwirtschaft/0,2828,825996,00.html

- *www.pbs.org*. (2012). Abgerufen am 9. Oktober 2012 von http://www.pbs.org/wgbh/americanexperience/features/general-article/bush-gulf-war/

- *www.staatsanwaltschaft-stuttgart.de*. (1. Oktober 2012). Abgerufen am 9. Oktober 2012 von http://www.staatsanwaltschaft-stuttgart.de/servlet/PB/menu/1279380/index.html? ROOT=1177700

- *www.tagesschau.de*. (12. Juni 2012). Abgerufen am 9. Oktober 2012 von http://www.tagesschau.de/ausland/syrien1640.html